タイかあさんの味とレシピ

白石 路以

はじめに

タイに通いはじめた頃、タイの人たちと同じものが食べたくて、
毎日毎日屋台に通っていた。
バミーやカオマンガイなどの辛くない料理からはじまって、
ソムタムやトムヤムクン、ナムプリックなど
クセの強い料理もいつしか食べられるようになっていった。

辛さにもどんどん強くなり、気づけばどんな麺料理にも
スプーン３杯分の粉トウガラシと砂糖を自ら加えては、
タイ人と同じものを食べている！　と思い込み自己満足に浸る日々。

しかし、自分ではすっかり舌のタイ人化に
成功したと思い込んでいたある日、
中華系タイ人の友人が放ったある言葉に衝撃を受ける。
「わたし、辛いものは一切食べられないの」。

聞くと、彼女の家ではかあさんが
トウガラシを一切入れない料理を家族のために作っているのだとか。

驚くわたしを横目に、一緒にいた南部出身の友人は
こんなことを言い出した。
「うちのトムヤムクンにはミルクもチリインオイルも
レモングラスもカーも入ってないから、
バンコクのトムヤムクンは味も香りも強すぎて食べられない」、と。

その頃、日本人がタイについて書いた本やガイドブックの多くに
バンコクはほぼ１００パーセント外食の文化のため

バンコクの家の多くにはキッチンがない、と書かれていて、
それを信じ切っていた自分には、彼女たちの言葉は二重の衝撃だった。

タイ人なのに、辛いものやクセの強い料理が苦手な人がいるんだ。
しかも、日本と同じように家庭料理を食べて大きくなったんだ。
それからは、積極的に友人たちの自宅を訪れては
図々しくもかあさんの手料理が食べたい、とリクエストするように。

たくさんの家庭を訪れるうちに、
かあさんの出身地やバックボーンごとに
まったく異なる家庭の味が存在していることを知った。
日本人がタイ料理に抱く、刺激的かつハイカロリーな
イメージとは程遠い料理も多く、
タイ料理の奥深さとかあさんたちの腕の良さに毎回心打たれた。

本書では、タイの家庭で毎日食べられているそんな普通のごはんを、
料理上手のかあさんたちに実際に作ってもらい、
そのレシピをありのまま紹介している。

なるべくいつも通りに、とお願いした料理は
時に大雑把、時にシンプルすぎるほどにシンプルだけど、
どのレシピも家族への愛情は山盛りだ。

微笑みの国の住人たちを育てた、タイかあさんの味とレシピ。
彼女たちの笑顔と同じくらい温かくて豪快な料理の数々には、
いくつもの家族のストーリーが寄り添っている。

深い深い家族愛と

笑顔が最高のスパイス

南国の太陽みたいに温かな、
かあさんの微笑みとタイごはん。

タイっ子たちの元気の素
かあさんの味の秘密を、ちょっぴりおすそ分け。

目次

料理の前に

レシピについて

本書に記載しているレシピは、すべてタイのかあさんたちから聞いた通りの〝伝言レシピ〟です。かあさんたちには正確に計量してもらったわけではなく、いつも通りの感覚で作ってもらいながら、口頭で「だいたいこれくらい」と説明してもらった材料、分量、調理時間等を記載しています。すべてが正確な日本のレシピ本とは少々趣きが異なりますが、感覚頼りのそのユルさこそがタイの家庭料理の温かさやおいしさの素！　感覚をつかむまで、まずは少なめの調味料からスタートして自分好みのおいしい着地点を探っていくのがおすすめです。また、タイと日本の材料や調理環境の違いにより作例通りにならないこともあるかもしれませんが、それもまた一興。かあさんのレシピを基本にしながら、自分スタイルのタイ家庭料理の世界を楽しみましょう！

火加減について

タイかあさんたちの家にあるのは、中華料理店レベルの火力を誇る強力ガスコンロばかり。そのため本書内で「強火」と記載されているのと同じ火力を日本の家庭で再現するのが難しい場合も。「強火」と書いてある場合はなるべく強い火で、それ以外の「中火」「弱火」の表記も完成写真と食材の状況をよく見比べながら、自分の勘を頼りにベストな火加減を探るべし！

道具について

使用頻度が圧倒的に高いのが、石のクロック(臼)。クロックで潰すことで食材の香りがより鮮やかに立ち上り食感も程良く仕上がることから、例えばニンニクやパクチーの根を細かくするのにも包丁ではなくクロックを使うほど、かあさんたちにとっては欠かせない道具。ただ、日本でクロックを持っている人は少ないので、レシピ内に「クロックで細かくする」などの表記がある場合、フードプロセッサーで代用を。また、土のクロックで軽く叩く程度の場合は、丈夫なビニール袋を破れないよう二重にして材料を入れ、麺棒などで軽く叩けば大丈夫（Ｐ１２５参照）！

代替材料について

本書内にたびたび登場する、「マナオ」「プリック」「パクチーファラン」などの聞き覚えのないタイ食材たち。ナンプラーやココナッツミルク、パクチーなど日本でもおなじみの食材は記載通りに使ってほしいのですが、手に入りにくい食材は日本で買える材料で代用しても。例えば、マナオはレモン、パクチーファランはパクチー、ホムデーンは紫タマネギなどで代用できます。また、さまざまな種類が登場するフレッシュなプリック（トウガラシ）は日本のトウガラシで、タイの小粒で香りが強いニンニクも手に入りにくいので、日本のニンニクで作ってみましょう。食材についてはＰ１７０～のコラムに詳細を記載してあるので、そちらも参考に。

切り方について

エビは背を開く、鶏肉はそぎ切りにする、クロックで潰さない場合のニンニクやトウガラシはまず包丁の腹で軽く叩いて香りを立たせてから切るなど、日本人にはなじみのない食材の下処理ルールが意外とたくさん存在しているタイ料理。つい慣れている方法でやりがちですが、タイ流のやり方を忠実に再現するだけで味、見た目ともに仕上がりがグンと本場っぽくなるので、ぜひお試しを。詳しいやり方は各レシピ内に記載してあるので、そちらを参考にしてください。

右/使いやすく整理された自慢の台所に立つムイかあさん。カラフルなブラウスがお似合い。左/完成した料理をみんなで試食。有名レストランがたくさんあるエリアだけど、みんなムイかあさんのごはんが1番好き！

ふたつの国が出会って
生まれたタイ中華の味

ムイかあさん

バンコクの中心地にあり、中華系タイ人が多く暮らす巨大な中華街、ヤワラー。ヤワラー通りという大きな通りを中心にして、その周辺には中華料理店や中華食材店、漢方薬局、金行など中華系の人々が営む商店が軒を連ね、地元のタイ人や観光客でいつも賑わっている。また、最先端のカフェやバーなども年々増えていることから、新旧バンコクの魅力を一度に体感できるエリアとしても近年話題の場所だ。

中華系タイ人のご主人と結婚して、6人の子どもたちを育て上げたムイかあさんの家もその一角にある。エメラルドグリーンの外観が映えるタウンハウスは、約80年前に中国からタイに渡ったご主人のお父さんが元気だった頃から暮らしている場所。かつてはそのお舅さんが1階で漢方薬局を営んでいたというが、今はお舅さんもお姑さんもご主人も亡くなり、ムイかあさんとふたりの娘さんが暮らしている。

色白なムイかあさんも中華系タイ人なのかと思ったら、イサーン地方と呼ばれるタイ東北部、スリン県の出身。ご主人と出会うまではタイ一色の暮らしをしていたため、結婚してからお姑さんに料理を教わり「タイ中華」と呼

パックブンファイデーン作りの練習をするクンキンさん（左）と、後ろからげきを飛ばすムイかあさん。心配してやってきた叔母のガプックさん（右）もお手伝い。

ばれる中華系タイ料理をマスターした。身につけたその技を、ムイかあさんがはじめて親戚に披露したのは、中華系の人々にとって1年でもっとも大切な日である旧正月の日。同じように中国からタイに渡り異国の地でファミリーを築いてきた同郷の仲間が集い、みんなで新年を祝うのだ。もちろん、その日の料理を用意するのは嫁の務め。覚えたてのタイ中華に加え、故郷のお母さんに習ったタイ料理も並べたムイかあさんのテーブルは大好評だったという。

　そんなムイかあさんの味で育った子どもたちも、もちろん食べることが大好き！　女3人、男3人の子どもたちはふたりの娘さん以外すでに家を出ているが、ムイかあさんのごはんを食べたくて、みんなちょくちょく実家に帰ってくるほど。そんな家族の中でも、料理上手なムイかあさんの遺伝子を色

1. ずっとおしゃべりをしていた、仲良しなふたり。**2.** ムイかあさんの味に、みんな大満足。ライスを小さなお椀に入れて食べるのが中華式。**3.** 水色のタイルがかわいいキッチン。**4.** 家の守り神。

濃く継いでいるのが孫娘のクンキンさんだ。フリーランスで料理関係の仕事をしているクンキンさんは、タイの大手グルメサイトでフードライターとして働く傍ら、雑誌やテレビで活躍するフードスタイリストのアシスタントとしても活動中。有名な料理家になるという夢に向かい、タイ料理と向き合う日々を送っている。

　プロの道へと一歩踏み出したクンキンさんの最初の料理の先生も、もちろんムイかあさんだ。航空会社の社員として忙しく世界を飛び回るクンキンさんの母に代わり、祖母であるムイかあさんが小さな頃から彼女の食事の面倒を見てくれたのだとか。

　家族の味ともいえる祖母の料理を学ぶため、時間ができるとムイかあさんの家に来ているというクンキンさん。彼女がキッチンに立つとムイかあさん

1. 出店予定のカフェの前で記念写真。店名は「お父さんとお母さんのカフェ」を意味する「BABA MAMA CAFE」にする予定だとか。ムイかあさんの後ろに立っているのは、息子のキットさん。2. 40歳くらいの時にバンコクに移住し、漢方薬局を営みながら家族を養っていたという華僑一世のお舅さん。3. 12年前に先立たれたご主人も旅行が好きで、よく家族であちこちを旅していたそう。4. みんなにムイかあさんの料理の魅力を聞くと「香りが鮮やかで、味は優しいところ」との答え。薄味好みだったお父さんに合わせ、味付けは基本控えめ。

が心配そうに背後に立ち「もっと火を強く！　調味料を入れるのはまだ早いよ！」と厳しく指導していた。ムイかあさんにとって、今のところたったひとりの孫であるクンキンさん。彼女に、中華系の夫とタイ人の自分が出会って生まれたファミリーの味を、しっかりと受け継いでほしいのだという。

取材が終わり帰ろうとすると、クンキンさんが自宅の一角にオープンする予定の小さなカフェスペースを見せてくれた。「ひいおじいちゃんが薬局として使っていた場所をカフェにする予定なの。叔父さんたちも協力してくれて、家族だけで内装も作って。ママたちが育った大切な場所を、誰かがふらっと来て疲れを癒せるような場所にしたくて」。そう話す彼女を、柔らかな笑顔を湛えて見守るムイかあさん。タイと中国、ふたつの国が出会って生まれた家族は、中華街の片隅で今日も小さな幸せを紡いでいる。

4

3

ต้มยำกุ้ง
トムヤムクン

エビ入り濃厚 王道系トムヤム

味噌汁にも赤味噌、白味噌などいろいろあるように、実はさまざまなタイプがあるトムヤム。中でも王道といっても過言ではないのが、タイでは「トムヤムクン　ナムコン」と呼ばれるこのスタイルだ。具はエビ、チリインオイルとミルクが入ったスープは濁ったオレンジ色で、濃厚かつ辛旨なクセになる味。ベーシックなトムヤムクンを目指すなら、まずはここから。

材料（約3～4人分）

有頭エビ（ブラックタイガー、バナメイなど）… 4尾

フクロダケ（エリンギ、シメジなどでも可）… 4～5個

ミニトマト … 4～5個

カー … 10g（スライス1枚）

レモングラス … 2本

バイマックルー … 4～5枚

トウガラシ（プリックチンダー）… 4～5本

エバミルク（またはココナッツミルク）… 200mℓ

チリインオイル … 大さじ1

ナンプラー … 大さじ3～4

マナオ汁 … 大さじ2～3

塩 … 大さじ1

パクチー … 適量

水 … 600mℓ

作り方

1. フクロダケとミニトマトはタテ半分に切り、レモングラスは香りが出るよう包丁の柄で軽く叩いてから、4～5cmの長さに切る。トウガラシは包丁の腹で軽くたたく。バイマックルーは芯を取り、1/2サイズに手でちぎる。パクチーはざく切りにする。エビは頭と尾を残して殻をむき、背に切り目を入れる。
2. 鍋に水と塩を入れて火にかけ、沸騰したらレモングラス、カー、トウガラシを入れる。
3. エビを入れ軽く火が通ったら、エビは一度取り出しておく。スープにエバミルク、ナンプラー、チリインオイルを入れ、味をととのえる。
4. スープにエビを戻し、バイマックルー、ミニトマト、フクロダケを入れ、沸騰したら火を止める。マナオ汁とパクチーを加えて完成。

もっとおいしく！ メモ

エビミソがスープに旨みを加えるので、エビは必ず頭付きのものを使用する。

レモングラスは緑の葉の部分を切り落とし、白い部分のみ使用する。包丁の柄で軽く叩いてから切る。

バイマックルーは芯を取り除く。

ผักบุ้งไฟแดง

パックブンファイデーン

手早く炒めて
パリパリ仕上げ

中華系タイ料理の代表格ともいえる、空芯菜の炒めもの。あっという間に完成してごはんにもお粥にも合うので、ムイかあさんはもちろん、娘さんたちもお孫さんも、みんな作れる家族代々に伝わる味だ。コツはパリッとした食感を損なわないよう、手早く炒めることだけ。いつもの野菜炒めをこれに代えれば、飾らないごはんもちょっとおしゃれに見えるかも。

材料（約3～4人分）

空芯菜 … 400g
ニンニク … 20g
トウガラシ（プリックチンダー）… 3～4本

A
- オイスターソース … 大さじ2
- シーズニングソース … 小さじ1
- 砂糖 … 大さじ1
- タオチオ … 大さじ1

サラダ油 … 大さじ1

作り方

1. ニンニクとトウガラシは、包丁の腹で軽くたたき潰しておく。空芯菜は約10cmの長さに切る。
2. 皿に1の材料をすべて入れ、Aの調味料をすべて上にかけておく。
3. フラインパンにサラダ油を入れてよく熱し、2を加えて炒める。空芯菜にパリッと火が通れば完成。

もっとおいしく！ メモ

空芯菜のパリッとした食感がおいしさのポイントなので、炒めすぎないように注意する。

炒めながら調味料をひとつずつ加えていると空芯菜にどんどん火が入ってしまうので、調味料はあらかじめ計量し、炒める前にすべて空芯菜にかけておく。

ข้าวผัดกุ้ง
カオパットクン

パラリと旨い
エビチャーハン！

カオパットはチャーハン、クンはエビのこと。もし辛いものやパクチーが苦手なのにタイに行かなきゃいけない人がいたら中華系タイ料理を真っ先におすすめしたくなるくらい、ムイかあさんのごはんは日本人にも食べやすい。これは味つけにナンプラーを使うこと以外、ほぼ日本のチャーハンと同じなので、子どもにも喜ばれる。具は豚肉や鶏肉、イカなどお好みで。

材料（1人分）

エビ（ブラックタイガー、バナメイなど）… 4尾
卵 … 1個
ミニトマト … 4～5個
ごはん（タイ米）… 250g
細ネギ … 1本
ニンニク … 5g
マナオ… 1/2切れ
キュウリ … 適量
シーズニングソース … 大さじ1
砂糖 … 小さじ1
タレ用のトウガラシ入りナンプラー … 適量
サラダ油 … 大さじ1～2

作り方

1. ニンニクはみじん切り、ミニトマトは半分、細ネギは小口切りにする。エビは尾を残し殻をむき、背に切れ目を入れる。
2. フライパンにサラダ油とみじん切りにしたニンニクを入れて炒め、香りが立ったらエビを加える。エビに軽く火が通ったら卵を割り入れ炒める。
3. 卵が軽く固まったらごはんを加えて炒め合わせ、シーズニングソースと砂糖を加える。均一に味が付いたらトマトと細ネギを加え、軽く混ぜたら火を止める。器に盛り、スライスしたキュウリ、マナオ、ナンプラーを添える。お好みで細ネギ、パクチー（分量外）を添えてもいい。

エビは殻をむき、尾を残して背に切り目を入れる。切り目は身の半分くらいまで深めに入れると、火を通した時にきれいに広がる。ほかの料理でも、エビはこの切り方が基本。

もっとおいしく！ メモ

中華鍋を使う場合はサラダ油大さじ２が適量。フッ素樹脂加工のフライパンを使用する場合は、大さじ１にする。小皿にナンプラーと輪切りのトウガラシを入れたものを添え、少しずつかけて好みの味に調整するのがタイスタイル。

ไข่พะโล้

カイパロー

まるで角煮！な
煮込み卵

中華系のタイ料理には、日本人からするとなんとなく親近感を覚えるものが多いが、これもそのひとつ。八角やシナモンなどのスパイスが効いている以外は、日本の角煮とそっくり。基本的に優しい味付けが好きなムイかあさんのカイパローはスパイスの効かせ方もソフトなので、味わいも日本人好みだ。時間が経ってもおいしく、作り置きおかずにもぴったり。

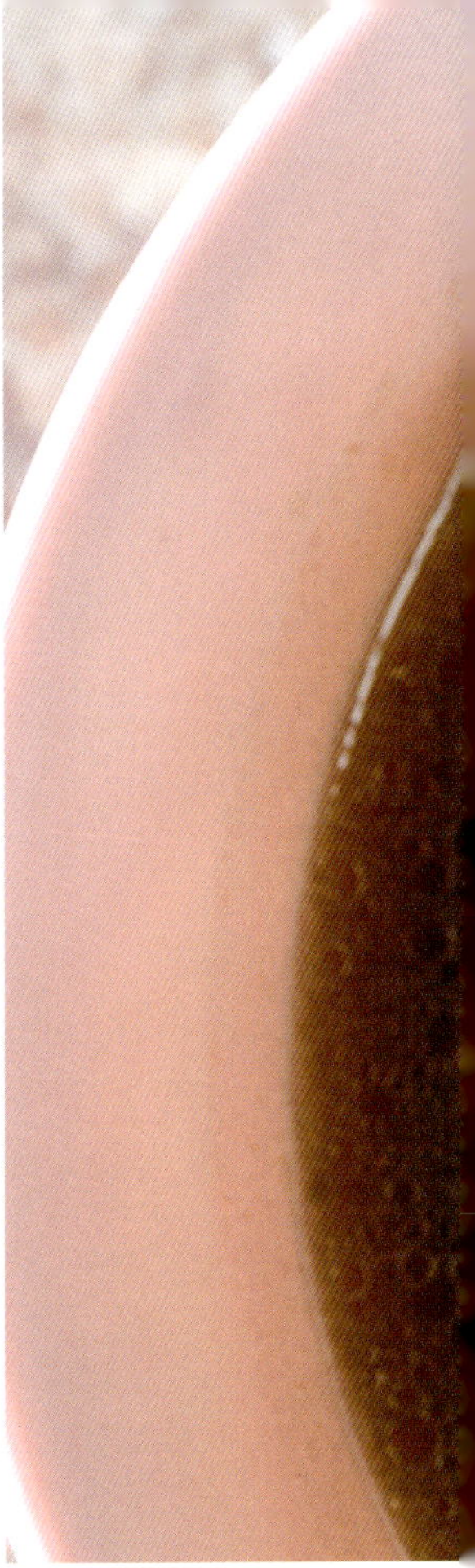

材料（約3～4人分）

あひるの卵
(または卵) … 3～4個

厚揚げ … 1枚

豚バラ肉 … 300g

A

- ニンニク … 30g
- パクチーの根 … 3本
- 白粒コショウ … 小さじ1

B

- シナモン … 1本
- 八角 … 3～4個
- コリアンダーシード … 小さじ1
- カルダモン … 小さじ1

ココナッツシュガー
… 大さじ2

シーユーダム …
大さじ2～3

シーユーカオ …
大さじ2～3

塩 … 大さじ1

サラダ油 … 大さじ1

水 … 1.5ℓ

作り方

1. 鍋に水適量（分量外）と塩少々（分量外）を入れ、あひるの卵を約6分間茹で、殻を剥いておく。Aをクロックに入れて細かくなるまで潰す。Bをフライパンで香りが立つまでから炒りする。豚バラ肉は約1cm幅に、厚揚げはひと口大に切る。

2. 鍋にサラダ油と潰したA、ココナッツシュガーを入れて炒め合わせる。豚バラ肉と水を加えたら、分量より少し少なめのシーユーダム、シーユーカオ、塩、Bを入れて、時々混ぜながら30～40分煮る。味見して、足りなければ調味料を足す。あひるの卵と厚揚げを加え、さらに5～10分煮る。器に盛り、お好みでパクチー（分量外）を飾る。

もっとおいしく！　メモ

Bのスパイス類をフライパンでから炒りする際は、焦がさないように注意する。

ต้มจับฉ่าย

トムジャップチャーイ

ごはんが進む野菜のくたくた煮

まるで田舎のおばあちゃんが作る茶色めしなビジュアルに「これが本当にタイ料理なの……？」と思うかもしれないけれど、れっきとした中華系タイ料理だ。見た目だけじゃなく、その味も小松菜や大根の葉をくたくたに煮込んだ日本の煮物に限りなく近く、懐かしさすら覚える。体に優しく栄養もあるので、たくさん作って常備しているムイかあさんの得意料理のひとつ。

材料（3〜4人分）

豚バラ肉 … 300g
カナー … 2〜3本
小松菜 … 2〜3本
クンチャイ … 1束
大根 … 1/3本
キャベツ … 1/3個
乾燥しいたけ … 4〜5個

白菜 … 3〜4枚
ほうれん草 … 200g
A
- ニンニク … 30g
- パクチーの根 … 3本
- 白粒コショウ … 小さじ1

B（合わせておく）
- シーズニングソース … 大さじ1
- シーユーカオ … 大さじ1
- オイスターソース … 大さじ1
- 砂糖 … 大さじ2

塩 … 小さじ1
サラダ油 … 大さじ1
水 … 2ℓ

作り方

1. 乾燥しいたけは水で戻しスライスする。野菜はすべて食べやすい大きさに切り、豚バラ肉は約1cm幅に切る。クロックにAを入れ、細かくなるまで潰す。
2. 鍋に水と塩を入れて火にかけ、大根としいたけを入れて弱火で煮る。
3. フライパンにサラダ油と1のAを入れて炒め、香りがたったら豚バラ肉を加え炒める。火が通ったら残りの野菜を固い順に加え、Bのソースも加えて野菜がしんなりするまで炒める。
4. 3を2の鍋にすべて入れ、少し隙間を開けて蓋をして、沸騰させないよう注意しながらごく小さな弱火で30〜40分煮る。野菜がすべて茶色っぽくなり、大根が柔らかくなったら完成。

เส้นใหญ่ผัดซีอิ๊วทะเล

センヤイパッシウタレー

**ちょっと甘めの
もっちり太麺炒め**

街中の屋台や食堂でも食べられる、タイの定番麺料理のひとつ。たまり醤油に似たシーユーダムという調味料が入っているので、麺の色は濃い茶色、焦げ目がなんとも香ばしくちょっと甘めに仕上がる。卓上に粉トウガラシや酢、ナンプラーなどを用意しておき、自分好みに味つけして食べるのがタイスタイル。「具は豚肉や鶏肉を使ってもおいしいよ」とムイかあさん。

材料（1人分）

センヤイ（平太米麺）… 250g
卵 … 1個
エビ（ブラックタイガー、バナメイなど）… 3～4尾
イカ（約1cm幅スライス）… 6～7切れ
カナー … 100g
ニンニク…5g

A（合わせておく）
- 酢 … 大さじ1
- タオチオ … 大さじ1
- ナンプラー … 大さじ1
- シーユーカオ … 小さじ1
- 砂糖 … 小さじ1～2
- コショウ … 少々

シーユーダム … 小さじ2
サラダ油 … 大さじ2

作り方

1. ニンニクはみじん切りにし、カナーは3cmくらいの長さに切る。エビは殻をむき背を開く。センヤイはボウルに入れてシーユーダムをふりかけ、麺に色が均一になじむよう、軽くもんでおく。
2. フライパンにサラダ油大さじ1.5を入れ火にかけ、ニンニクを入れ炒める。香りが立ったらエビを加え、エビに軽く火が通ったらイカを加えて軽く火が通るまで炒め、皿に取っておく。
3. 2のフライパンに麺を入れて軽く炒めたら、エビとイカを戻し、Aの調味料を入れて炒め合わせる。
4. 3の中身を端に寄せ、残りのサラダ油を足す。卵を割り入れ、軽く炒めたらカナーを加え、よけておいた3も合わせて、全体を軽く炒め合わせる。カナーに油がまわり、鮮やかな緑色になれば完成。

もっとおいしく！ メモ

タイでは生のセンヤイを使うが、日本では手に入らないので乾燥のセンヤイを使う。その場合、センヤイは水に浸して戻し、柔らかくなったら熱湯で約 90 秒茹で、水を切ってボウルに入れる。シーユーダムをふりかける際は、サラダ油大さじ 1 も加えて軽くもんでおく。

材料（2～3人分）

タイ米 … 1カップ

豚ひき肉 … 200g

卵 … 1人1個（温泉卵でも可）

ニンニク … 10g

細ネギ … 適量

ショウガ … 適量

シーユーカオ … 大さじ2

コショウ … 小さじ1

豚ガラ（または鶏ガラ）スープ … 3カップ

水 … 1ℓ

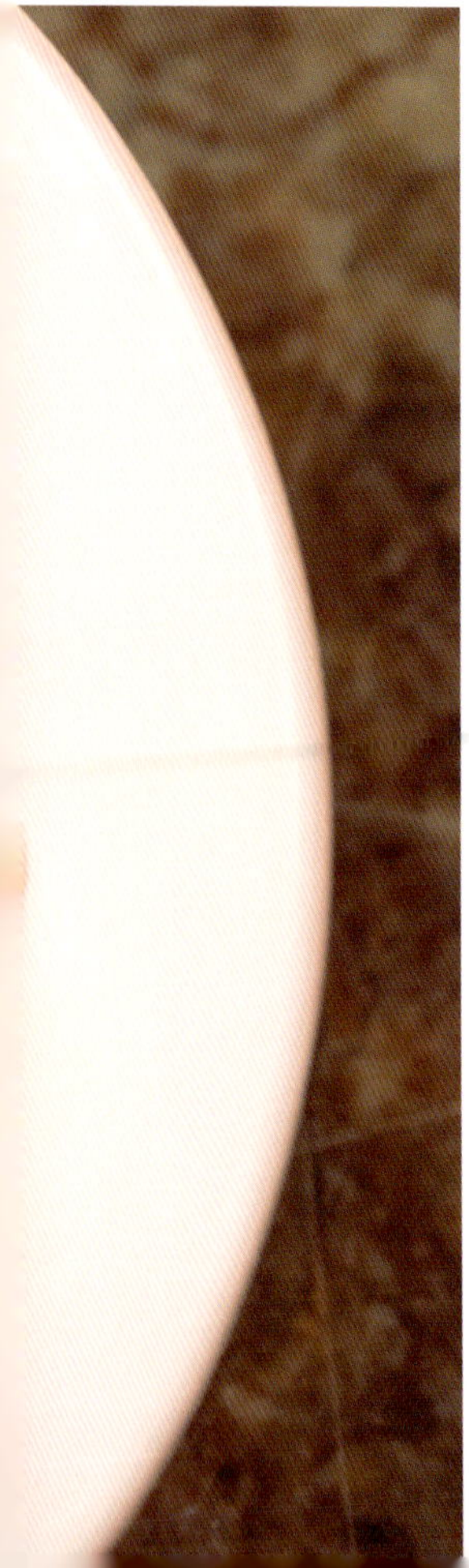

作り方

1. ニンニクはみじん切り、細ネギは小口切り、ショウガは千切りにする。卵は沸騰したお湯に入れて約3分茹で、お湯から上げたらすぐに氷水につけておく。ボウルに豚ひき肉、ニンニク、シーユーカオ、コショウを入れてよく混ぜ、一口大くらいの団子状にして、沸騰したお湯（分量外）で茹でておく。

2. 鍋に水とタイ米を入れて中火にかけ、静かにかき混ぜながら沸騰したらごく弱火にして10～15分煮る。豚ガラスープを加え、混ぜながらさらに煮て、米が柔らかくなったら**1**の豚団子を加え、約2～3分煮る。

3. 器に盛り、卵、細ネギ、ショウガを飾り、好みでコショウ少々（分量外）をふる。

もっとおいしく！ メモ

ジョークはお粥、ムーは豚肉のこと。タイではジョークには「プラーイカオ」と呼ばれる、割れて細かくなってしまった米粒を使用するため、米粒がごく細いのが特徴。日本では手に入らないので、タイ米をビニール袋などに入れて叩いてから使用してもいいが、最近はタイでもそのままのタイ米を使うことも多く、それでもおいしい。仕上がりの水の量は、米に少しかぶるくらいが適量。

โจ๊กหมู

ジョークムー

朝の定番！
とろとろお粥

さらりとしたお粥のカオトムクン（P100）同様、朝ごはんの定番メニュー。ジョークは細かく砕けた米粒を煮込んで作るので、とろりと重めに仕上がるのが特徴。公園の近くの朝の屋台街では、ジョギングや太極拳など早朝の運動を終えた中華系の人々が楽しそうにジョークを食べている光景もよく目にする。パートンコーと呼ばれる揚げパンを添えてもおいしい。

น้ำตะไคร้

ナムタックライ

香りを楽しむ レモングラスティー

料理のほか、虫除けやフレグランスなど、さまざまなシーンで使われるレモングラスは、タイではとても身近なハーブのひとつ。甘く爽やかな香りにはリラックス効果があるほか、疲労回復や消化促進にもいいとされていて、お茶やジュースとしてもよく飲まれている。煮出すだけで香り高いハーブティーになるので、生のレモングラスを見つけたらぜひお試しを！

材料（4～5杯分）

レモングラス … 3～4本

水 … 400mℓ

砂糖 … 大さじ2

作り方

1. レモングラスを包丁の柄で叩いて香りを立たせておく。
2. 鍋に水を入れて火にかけ、沸騰したらレモングラスを加える。お湯が薄い黄緑色になって香りが立ったら砂糖を加えて軽く混ぜ、ザルなどで濾す。氷を入れたグラスに注ぐ。

レモングラスの繊維が入ると口当たりが悪くなるので、しっかりと色と香りが出たらザルなどで丁寧に濾すこと。

もっとおいしく！ メモ

タイのジュースは甘めなので、砂糖の量は好みで調整するのがおすすめ。冬はホットにして飲んでもおいしい。

太陽みたいに明るい笑顔が印象的なトゥックかあさん。日本に住んでいた経験もあるので、日本語もかなりお上手。30 代のお子さんがいるとはとても思えない若々しさ！

バンコク生まれ、元気かあさんのヘルシーな味

トゥックかあさん

立派な一軒家が整然と並ぶ瀟洒《しょうしゃ》な住宅街の一角、タクシーで家の前に着くと満面の笑みで「いらっしゃい！」と迎えてくれたトゥックかあさん。バンコク生まれ、チャオプラヤー川の側で育ったというチャキチャキのバンコクっ子だ。周囲まで一瞬でパッと明るくしてくれるような彼女の笑顔を見ていると、この国が「微笑みの国」と称されるのも大いに納得できる。

撮影をした日に訪れたのは、息子の大志さんが暮らす家。バンコク郊外の家でご主人とふたり暮らしをしているトゥックかあさんだけど、週に1度はひとり暮らしをしている息子さんの家を訪れ、庭いじりをしたり料理を作ったりしているそう。息子さんが日本名なのはご主人が日本人だから。約40年前、当時ラオスで働いていたご主人と出会い結婚した。「古い時代だったから外国人と結婚するのには勇気がいったんだけど、彼は色黒でタイ語も上手で、まるでタイ人みたいだったの。だからいいかな、と思って」と、当時の事を楽しそうに話してくれた。

小さな頃からおばあちゃんやおかあさんが料理を作るのを見ながら覚えて、自然と家庭料理をマスターした。「昔はタイでも結婚したら女の人は料理を作るのが当たり前だったから。母のほかに有名な宮廷料理の先生にも習いに行って、その時にカービングも勉強したの」。カービングとは果物や野菜をさまざまな形に飾り切りする、タイ宮廷料理の世界の伝統的な技術のこと。著名な料理人からその技を学んだというトゥックかあさんは、どんなフルーツでもパパッとカービングできるくらいに得意なのだとか。

若い頃から好奇心旺盛に料理を学んだ甲斐あり、身に付けた技術は家庭だけではなく、ご主人の赴任で外国暮ら

1. 息子の大志さんと近所の市場に食材を買いに行ったついでに、フルーツも物色。ちょうどシーズンだったドリアンを試食して、ふたりとも笑顔に。**2.** 大志さんの運転で近くの市場までお出かけ。笑顔がそっくりでとっても仲良しな親子。**3.** ひとり暮らしをしている息子さんのために、時々料理を作りに行くという優しいかあさん。家に帰ったらこんなタイ料理が用意されているなんて、なんて幸せな人生！　**4.** 使いやすく調味料が整理されたキッチン。**5.** かあさんがよく料理を作りに来るというだけあり、調理道具も充実している。**6.** かあさんが愛用しているコショウ。キッチュなパッケージがかわいい。**7.** 得意のカービングで、トウガラシもこんなにかわいく変身。

足りなくなったハーブを買いに行った市場で、大量に入荷していたドリアンを発見！
ドリアン選びに厳しいタイ人らしく、ふたりとも真剣な顔で品定め。

しをしていた時にも大いに役に立った。「日本に8年、シンガポールに15年くらい暮らしていたんだけど、シンガポール時代にはタイ料理を家で教えていたこともあったの。子どもたちが日本人学校に通っていたからママ友はほとんど日本人で、彼女たちがタイ料理を習いたいって言ってくれて」。今回教えてくれたのは、おかあさんや先生から習ったレシピを元に自分で何度も作ることで好みの味に辿り着いた、グリーンカレーやトムヤムクンなど、日本人にもおなじみのバンコク料理の数々。家族の健康を考え、油の量なども一般的なレシピに比べると控えめなトゥックかあさんのヘルシータイ料理は、ママ友たちにも大好評だったのだとか。今の時代ならともかく、40年も前に外国人と結婚して、海外で暮らして。いろいろと苦労もあったはずなのにそん

1

1. トゥックかあさんが大好きだという風車が、庭のあちこちに飾られている。2. 北部にあるタイ第2の都市、チェンマイで働いている娘さん。トゥックかあさんも、時々娘さんに会うためチェンマイを訪れることがあるそう。3. 出会ってから40年、今も仲良しのご主人（真ん中）と旅行に行った時の1枚。旅行好きのファミリーなので、家族やそれぞれで世界各地を旅しているそう。ちなみに、ご主人はトゥックかあさんが作るグリーンカレーが大好きなのだとか。4. 食材は市場で買うことも多いけれど、スーパーも賢く利用。地方のかあさんたちに比べると、バンコクっ子のトゥックかあさんはスーパーの利用頻度が高い。

な素振りは一切見せず、どんな経験も楽しそうに話してくれるトゥックかあさん。ご主人のお仕事で海外に暮らしながらも、自分のできること、したいことをしながら人生を思いっきり楽しんでいたことが伝わってきて、いつの間にかこちらまで楽しくなってくる。

ผัดกะเพราหมูสับ

パットガパオムーサップ

辛さと香りの先に本物の味がある

日本でもおなじみのガパオ炒め。ガパオとはバジルの葉のことで、当然、これが入っていないと話にならないのだが、もうひとつの重要なポイントは辛さにある。トゥックかあさんも「辛くないとおいしくない」と大胆にトウガラシを投入。もし本場の味を求めるなら、まずはトウガラシとガパオを惜しみなく使ってみるのもいいかも（とはいえ限界の見極めも大切！）。

材料（約２〜３人分）

ガパオ … 35g
豚ひき肉 … 200g
トウガラシ（プリッキーヌースワン）… 20本
黄色いトウガラシ（プリックルアン）… 1本
ニンニク … 15g
オイスターソース … 大さじ２
砂糖 … 小さじ２
ナンプラー … 小さじ２
サラダ油 … 大さじ２
水 … 大さじ 1.5

作り方

1. プリッキーヌースワンとニンニクはクロックで細かく潰しておく。クロックがなければ、包丁の腹で叩いて潰してからみじん切りにする。プリックルアンは斜め細切りにしておく。
2. フライパンにサラダ油を入れ強めの中火でよく熱し、ニンニク、プリッキーヌースワンを入れて炒める。香りが立ったら豚ひき肉を加え炒める。
3. 豚ひき肉に軽く火が通ったら、プリックルアン、オイスターソース、砂糖、ナンプラー、水を入れ、よく混ぜ合わせる。
4. 豚ひき肉に完全に火が通ったら火を止め、ガパオを入れて全体に行き渡るよう混ぜれば完成。そのまま単品で盛り付けても、ごはんやカイダーオ (P.56) を添えてもいい。

もっとおいしく！ メモ

かなり辛いので、プリッキーヌースワンの量は少なめから試すのがおすすめ。プリックルアンは彩り用なので、なければ入れなくても OK。ナンプラーに輪切りのトウガラシを浮かべた「プリックナンプラー」を添え、好みでかけながら食べるのがタイスタイル。

ต้มยำไก่
トムヤムガイ

二日酔いにもいい
ハーブスープ

スープは透明でエビも入っていないけど、これもれっきとしたトムヤムの一種。大量のハーブをしっかりと煮立たせたスープに、チキンを中心としたシンプルな具材。スーッと体に染み入る透き通ったピュアな味わいで、タイでは二日酔いをすっきりさせたい時にもいいとされている。ハーブと鶏肉のヘルシーコンビで、ダイエット時や肌寒い日にもぴったり。

材料（約2～3人分）

鶏むね肉 … 150g
レモングラス … 30g
カー … 35g
バイマックルー … 4枚
パクチーの根 … 1本
ホムデーン … 40g
パクチーファラン … 20本
トウガラシ（プリッキーヌースワン）… 3本
トウガラシ（プリックチンダー）… 1本
マナオ汁 … 大さじ3
塩 … 小さじ2.5～3
水 … 600mℓ

作り方

1. 鶏むね肉はひと口大のそぎ切りにする。レモングラスは包丁の腹で軽く叩いてからスライス、カーとホムデーンはスライス、プリックチンダーは斜めにスライスしておく。パクチーの根は包丁の腹で軽く叩き、パクチーファランは4～5cmの長さに切り、バイマックルーは芯を取って縦2枚にしておく。
2. 鍋に水を入れ中火にかけ、沸騰したらレモングラス、カー、バイマックルー、パクチーの根を入れる。香りが立つまでさらに沸かしたら、鶏むね肉を加えて蓋をする。
3. 鶏むね肉に火が通ったら、塩、マナオ汁、プリッキーヌースワン、プリックチンダーを加え味をととのえ、ホムデーン、パクチーファランを入れて火を止める。

もっとおいしく！ メモ

プリッキーヌースワンの代わりに大きめのトウガラシを使用する場合、包丁の腹で軽く叩いてから使うと辛さが引き立つ。ホムデーンを紫タマネギ、パクチーファランをパクチーで代用することもできるが、シンプルなスープなのでなるべくかあさんと同じ食材を使用するのがおすすめ。お好みでナンプラーを適量加えてもいい。

材料（約4人分）

鶏むね肉 … 250g

マクアプロッ、マクアプアン（またはナス）
… 合わせて250g

バイマックルー … 4枚

ホーラパー（またはバジル）… 15g

プリックチーファー（または赤ピーマン）… 適量

グリーンカレーペースト … 45g

ココナッツミルク … 250mℓ

ナンプラー … 大さじ1

砂糖 … 小さじ1

水 … 200mℓ

作り方

1. 鶏むね肉はひと口大のそぎ切りにする。マクアプアンはそのまま、マクアプロッは半分に切り塩水（分量外）につけておく。バイマックルーは芯を取り、手で1/4サイズにちぎる。プリックチーファーは細切りにする。
2. 深めのフライパンにココナッツミルク45mℓとグリーンカレーペーストを入れて中火にかけ、溶き混ぜながら約5分間、焦げつかないようにゆっくりと炒める。グツグツと沸いてきたらバイマックルーを入れ、香りが立ったらナンプラーを加える。
3. 残りのココナッツミルクの半量を少しずつ加えながら10分ほど火を通し、色と香りがしっかりと出たら鶏むね肉を加える。火が通ったらさらに残りのココナッツミルクを少しずつ加えて混ぜ、すべて入れたら水と砂糖を加えて味をととのえる。塩気が足りない場合、ナンプラーを足す。
4. 水気を切ったマクアプロッとマクアプアンを入れ、柔らかくなったら火を止める。ホーラパーとプリックチーファーを加えて全体を軽く混ぜたら完成。

แกงเขียวหวานไก่

ゲーンキアオワーンガイ

タイカレー、まずはここから

タイカレーといえばこれのこと、というくらい有名な、グリーンカレー。タイ語名は緑の甘いカレーという意味で、辛さの中に甘さを効かせるのがおいしく仕上げるコツ。一見難しそうだけれど、実は煮込み時間が短くて、ペーストさえあればすぐにできる時短メニュー。ペーストを炒める時に油を使わず、あっさり、色鮮やかに仕上げるのがトゥックかあさん流。

もっとおいしく！ メモ

最初にペーストにしっかり火を通すことで、色がきれいに仕上がる。

ข้าวผัดแกงเขียวหวาน

カオパットゲーンキアオワーン

**簡単、おいしい
タイ的カフェめし**

グリーンカレーペーストで作るチャーハンは、タイのカフェやレストランでも人気の一品。ペーストを炒める以外は普通のチャーハンの工程とほぼ同じ。あっという間に完成するのに、グリーンカレーの香りとココナッツミルクの甘み、ナンプラーの塩気などが混ざり合い、手の込んだ料理に思えるから不思議。持ち寄りランチ会などで披露するのもよさそう。

材料（約2人分）

ジャスミン米の冷ごはん … 300g
鶏むね肉 … 200g
マクアプロッ、マクアプアン（またはナス）… 合わせて45g
バイマックルー … 2枚
ホーラパー … 15枚
プリックチーファー（または赤ピーマン）… 適量
グリーンカレーペースト … 15g
ココナッツミルク … 100mℓ
ナンプラー … 小さじ1
砂糖 … 小さじ1
塩、コショウ … 少々

作り方

1. 鶏むね肉はひと口大のそぎ切りにする。マクアプロッは半分の長さの短冊切りにしてから、マクアプアンはそのまま塩水につけておく。バイマックルーは芯を取って1/4サイズに手でちぎる。プリックチーファーは細切りにする。
2. フライパンにココナッツミルクとグリーンカレーペースト、バイマックルーを入れ、中火にかけて溶き混ぜながら炒める。香りが立ったら鶏むね肉、水気を切ったマクアプロッ、マクアプアンを加え炒める。全体に火が回ったらナンプラー、砂糖を加えて炒める。
3. 汁気がなくなってきたらプリックチーファー、ごはんを加えて炒め合わせ、ごはんが温かくなったら味見をして塩、コショウで味をととのえる。火を止めたらホーラパーを加え、全体を軽く混ぜたら完成。器に盛り、好みでプリックチーファーやバイマックルーの千切り、ホーラパー（各分量外）をトッピングする。お好みで小皿にナンプラーと輪切りのトウガラシを入れたものを添えてもいい。

ยำไข่ดาว

ヤムカイダーオ

目玉焼きの旨辛サラダ

酸っぱくて辛いタイのサラダ、ヤム。野菜や肉、シーフードなど、どんな具材もヤムダレで和えればあっという間にヤムだけど、目玉焼きを切ってサラダに仕立てるあたりに、タイ人の発想力の豊かさとセンスを感じる。野菜と卵で色鮮やかに仕上がったヤムは、味わいもスッキリと鮮やか。卵と野菜の食感のコントラストも楽しくて、卵好きならきっとハマるはず。

材料（約2～3人前）

卵 … 4個

タマネギ … 50g

クンチャイ … 2本
（またはセロリの葉と細い茎の部分）… 適量

パクチー … 1本

細ネギ … 1本

トマト（ミディトマトサイズのもの）… 3個

ナムヤム（P56）…
P56の3/4～全量（お好みで調整）

作り方

1. P56を参考にナムヤムを作る。
2. タマネギは薄切り、クンチャイとパクチーはざく切り、トマトはくし形切り、細ネギは小口切りにする。
3. P56を参考に、卵4個でカイダーオを作り、粗熱が取れたらひと口大に切る。
4. ボウルにパクチーと細ネギ以外の**2**と**3**を入れたら**1**を回しかけ、全体を軽く混ぜて味をなじませる。器に盛り、パクチーと細ネギを飾る。

カイダーオは小さくしすぎると見栄えが悪いので、少し大きめのひと口大に切る。

ยำเห็ด

ヤムヘット

期待値超えの
きのこサラダ

タイ料理って材料からしてナゾ……ってことも多いんだけれど、これはメインがきのこだけに、取っつきやすさ抜群。ほかの材料も日本のスーパーで買えるものばかりだし作り方もシンプルだから、思い立ったらすぐ作れるタイ料理として、ぜひ覚えておきたいもの。きのこがホカホカしているうちに食べるとおいしさが倍増するので、ぜひできたてを味わって！

材料（約2～3人分）

お好みのきのこ（写真はしめじ、えのき、キクラゲ）… 合わせて200g

豚ひき肉 … 50g

トマト（ミディトマトサイズのもの）… 3個

タマネギ … 70g

パクチー … 1本

細ネギ … 1本

ナンプラー … 大さじ1

ナムヤム（P56）… P56の半量

水 … 大さじ1.5

作り方

1. P56を参考にナムヤムを作る。
2. きのこ各種は食べやすい大きさに切り、茹でて水をよく切っておく。トマトはくし形切り、タマネギは薄切り、パクチーはざく切り、細ネギは小口切りにしておく。
3. 小鍋に水と豚ひき肉を入れて弱めの中火にかけ、炒め煮する。軽く火が通ったらナンプラーを加えさらに炒め、豚ひき肉に完全に火が通ったら火を止める。
4. ボウルにパクチーと細ネギ以外の**2**と**3**を入れたら**1**を回しかけ、全体を軽く混ぜて味をなじませる。器に盛り、パクチーと細ネギを飾る。

ไข่ดาว

カイダーオ

カリカリ仕上げの目玉焼き

酸っぱくて辛い魔法のタレ

น้ำยำ

ナムヤム

ไข่ดาว

カイダーオ

外側をカリッとさせるのが、タイらしく仕上げるコツ。

卵を入れた瞬間、これくらいぶわっと膨らむのが油の適温。

材料（1人分）

卵 … 1個　サラダ油 … 約1/2カップ（フライパンの大きさに合わせて調整。卵が油に浮かぶくらいの量が適量）

作り方

1. フライパンにサラダ油を入れて強火にかけ、油がしっかりと熱くなったら卵を割り入れる。
2. フライ返しで全体にサラダ油を回しかけながら揚げ焼きにする。この時、フライ返しで白身の形を軽く整えながらサラダ油をかけるようにすると、きれいな丸に仕上がる。周囲がカリッときつね色に色づいたら完成。

น้ำยำ

ナムヤム

これをかければ、あっという間にタイ風サラダ。酸っぱくて辛い魔法のタレ。

材料（作りやすい量）

トウガラシ（プリッキーヌー）… 赤色と緑色を合わせて5〜10本　ニンニク … 3g　マナオ汁 … 大さじ3.5　ナンプラー … 大さじ2.5　砂糖 … 大さじ1.5

作り方

1. トウガラシとニンニクをクロックで粗めに潰す。クロックがなければ、粗めのみじん切りにする。
2. 1のクロック（またはボウル）にすべての材料を入れ、混ぜ合わせれば完成。トウガラシを入れずに作っておけば、冷蔵庫で1週間ほど保存可能。その場合トウガラシは食べる直前に好みの量を加える。

น้ำอัญชัน

ナムアンチャン

アンチャン（蝶豆・バラフライピー）の花のお茶。髪や瞳の健康にいいそう。

材料（作りやすい量）

アンチャン（乾燥）… 3/4カップ　バイトゥーイ（あれば）… 3枚　マナオ汁（レモン汁）… 適量　水 … 1.5ℓ

作り方

1. 鍋に水と1/3サイズに切ったバイトゥーイを入れて中火にかけ、沸騰したらアンチャンを入れる。
2. 濃い青色に煮出されたら火を止め、茶こしなどで濾す。粗熱が取れたら氷を入れたグラスに注ぐ。お好みでマナオ汁を絞り入れると、きれいな紫色に変わり、味わいも爽やかに。砂糖を入れて甘みを足したり、ホットにして飲んでもおいしい。

น้ำอัญชัน

ナムアンチャン

青から紫に変わるお茶

デザートに使うラムヤイをもらいに、家の裏の畑に出向いたキアオかあさん。小柄で元気でハツラツとしたキアオかあさんは、生まれも育ちもこの近所で、畑の人もみんな顔見知り。

地元の新鮮な食材がカギ！
タイの古都、チェンマイの味

キアオかあさん

バンコクから北へ約７２０キロ、時に「北方のバラ」と称されることがあるほどの美しさを誇り、国内外から多数の観光客が訪れるタイ第2の都市、チェンマイ。ここは広大なライステラスをのぞむ印象的な風景でも知られるように、タイ随一の米どころのひとつでもある。海外にも輸出されるジャスミンライスや北部の人たちの主食でもあるもち米が、タイのほかの街で食べるのとは比べ物にならないほどふっくらとみずみずしく上質なのはもちろん、恵まれた自然環境から生まれる食材の豊富さはまさに大地の恵み！　それらを生かしつつミャンマーや中国など近隣国の影響を受け独自の進化を遂げた北部料理にはタイ人の中にもファンが多く、食事をするためだけにこの街を訪れるタイ人も多いのだとか。

この街で育ったキアオかあさんも、もちろん北部料理が大好き！　幼い頃から親しんできたこの土地の味を子どもたち、孫たちに伝えるため、毎日家族の食事を手作りしている元気なかあさんだ。キアオかあさんが暮らす家は、チェンマイの中心地から車で30分くらい走ったところ、家々の周りを見渡す限りのラムヤイ（龍眼）畑がぐるっと囲む静かな住宅街にある。チェンマイ郊外の牧歌的な雰囲気から浮き立つような近代的な一軒家は、建築関係の仕事をしている次男のウッドさんが自身で設計、建設までを手がけ、6年前にプレゼントしてくれた。家の中には近代的なキッチンが完備されているものの、裏手には昔ながらの木造の家にあるものとよく似た、タイらしい屋外の調理スペースも完備。キアオかあさんの要望が随所に生かされている。

以前チェンマイ空港のレストランで働いていた経験があるキアオかあさん。ひと通りのタイ料理は作れるけれど、

2

1

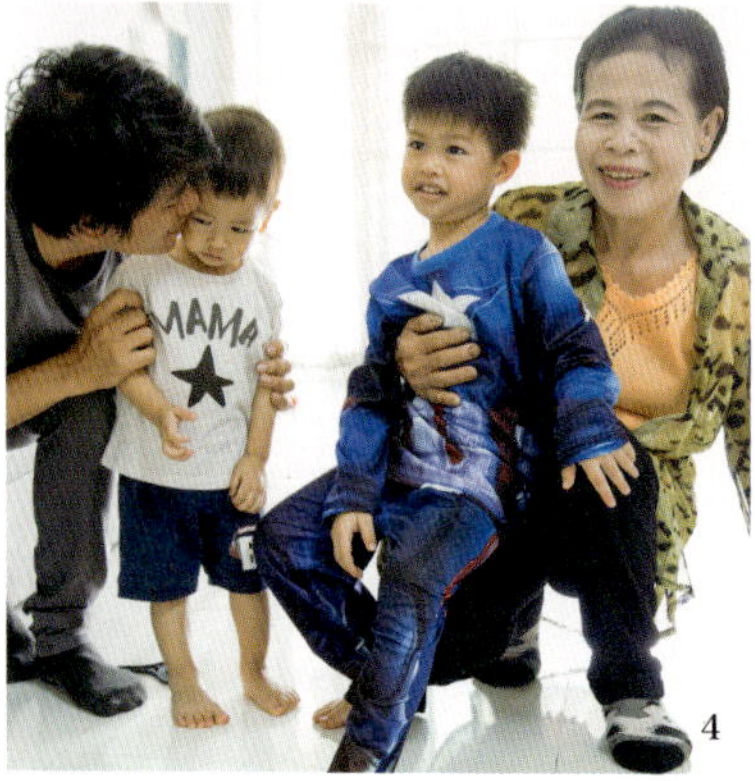

4

3

1. 屋外キッチンの使い慣れた道具たち。**2.** 近所のお寺にバイクでお参り。長男と次男のお嫁さんは、それぞれ下の子を伴って4人乗り！ **3. 4.** 遊びに来ていた次男家族。

家ではほぼ北部料理しか作らないそう。「なんでって、子どもの頃から家では北部料理しか食べたことがなかったから。家では作るのも食べるのも北部料理。それがここで生まれ育ったわたしたちには普通のことなの」。北部料理以外のメニューを作るのは、まだ幼い孫たちに辛くない料理を用意する必要がある時くらいなのだとか。肉や魚、野菜、調味料は市場に買いに行くものの、料理によく使うハーブや木の実、フルーツなどは庭のあちこちに植えられていて、調理中に「あ、あれが足りない」となってもだいたいは自宅（または2、3軒先までのご近所さん）の庭で事足りるという、料理好きにはとても恵まれた環境。野菜やハーブがたっぷりで、豊かな大地の恵みを存分に感じられる北部料理だけに、時には「それ食べられるんですか？」と聞き

集落にあるお寺にお参りするキアオかあさん。信心深い仏教徒が多いタイでは、家族でお寺に行くのも日常茶飯事。
この日は仏教関係の祝日で、寺には早朝から托鉢用の食べ物や日用品を持ったご近所さんが集合していた。

たくなるような木の葉や草まで使用していて、ちょっとビックリすることも。ただ、実際に食べてみると、それらの食材が持つ酸味や苦味などの独特の味わいが欠かせないアクセントになっていることがわかり、北の大自然とそこで生まれた料理との関わりの深さにハッとさせられる。タイ人でも北部以外の出身の人なら「見たことも、聞いたこともない」と言うようなレアな食材が生み出す複雑な味わいこそが、北の料理の魅力のひとつなのだ。

17歳でご主人と出会い、ふたりの息子に恵まれたキアオかあさん。ご主人は20年前に亡くなってしまったが、女手ひとつで働きながら毎日欠かすことなく作った北部料理を食べて育った息子たちは、それぞれに家庭を築くまでに成長した。次男はバンコクで働いているため、現在はこの家で長男家族と

3世代同居中。次男家族も帰省していたこの日は、家の中はとっても賑やかでかあさんも嬉しそうだった。「もちろん大変なこともあったけど、かあさんの料理が1番好きって言われるとそれだけで心に幸せが溢れてがんばれたの」と明るく笑うキアオかあさん。その後ろでは、孫たちが「お腹すいたー!」の大合唱を繰り広げていた。

1

2

1. キアオかあさんも小さい頃から通っている、集落の寺。**2.** 家族で手を合わせる。**3.** 長男の娘さんが持っているのはランブータン。**4.** バンコクから帰省していた次男のウッドさんと。子どもの頃からかあさんの食事作りを手伝っている孝行息子だ。**5.** リビングで家族写真。長男家族は娘ふたり、次男家族は息子ふたりに恵まれて、とても賑やかな大家族になった。長男は外出中。お嫁さんたちとも実の娘同然に仲良しなので、息子たちが不在の時は嫁と姑だけでのお出かけもしょっちゅうだとか。**6.** 水色の壁がかわいい屋内のキッチン。**7.** 2階の見晴らしのいい部屋に飾られたご主人の写真。**8.** ラムヤイの産地としても知られるチェンマイ。裏の畑はこの日、収穫の真っ最中。**9.** キアオかあさんが気に入って通っている、ちょっと大きな市場の肉売り場。

4

3

6

7

5

9

8

น้ำพริกอ่อง

ナムプリックオン

ピリッと辛い
ミートソース

野菜などに添えて食べる、北部の前菜。材料も見た目も味もミートソース風ながら、そこはやっぱりタイ。トウガラシがしっかりと効いていてピリリと辛い。市場でもできあいのものが売っているけれど、家族はみんなキアオかあさんの手作り以外は絶対に食べないくらい、ファミリーのお気に入り。親から子、子から孫へと受け継がれていくチェンマイの家庭の味だ。

材料（7〜8人分）

豚ひき肉 … 200g
トマト（ミニトマトと普通のトマトを混ぜて）… 200g
タマネギ … 45g
ホムデーン … 50g
ニンニク … 40g
パクチー … 適量
ガピ … 17g
チリパウダー … 大さじ 1.5
サラダ油 … 大さじ 2
水 … 80mℓ

作り方

1. トマトは1cm角に切っておく。ニンニクは30gと10gに分け、10g分をクロックまたは包丁の腹で粗めに潰しておく。
2. クロックにニンニク30gを入れ潰し、ホムデーン、タマネギも順に加えて潰す。粗みじん切り状になったらガピ、チリパウダーも加え混ぜる。
3. フライパンにサラダ油を入れ中火で熱し、1で潰した10gのニンニクを入れて炒める。香りが立ったら2を加えて全体によく油が回るように炒める。
4. ガピの香ばしい香りがしてきたら豚ひき肉を加えて炒め、豚ひき肉に火が通ったらトマトを加える。トマトに軽く火が通ったら水50mℓを加え、グツグツとトマトが煮崩れるまで煮詰める。途中で水分が足りなくなったら、水30mℓをさらに加えて調整し、ミートソースくらいの水分量になったら火を止める。味見をして、シーユーカオやナンプラーを好みで加えてもいい。器に盛り、パクチーを散らし、きゅうりや白菜などの生野菜（各分量外）を添える。

もっとおいしく！ メモ

トマトは２種類を混ぜることで、甘みと酸味のバランスが良くなる。辛めの仕上がりなので、チリパウダーの量はお好みで調整を。調味料はガピだけのシンプルな味わいがかあさんのお好み。もし味が薄いと感じたら、シーユーカオやパラー、トゥアナオというタイの納豆などを加えてもいい。

จอผักกาด

ジョーパッカート

黄色いお花の優しいスープ

北部特産のパッカートという花のスープ。ほんのりとした甘みと酸味のあるすっきり優しい味わいに、ガピやトゥアナオなどの発酵調味料の深い旨みが加わりなんとも味わい深い。パッカートは菜の花によく似ているが苦味もクセもほとんどなく、煮込むとほうれん草と小松菜の間くらいの食感になり、雑味をもなく食べやすい。冷蔵庫で寝かせた次の日が、また格別だ。

材料（4～5人分）

パッカート（または菜の花）… 500g
スペアリブ（豚）… 450g
ガピ … 20g
トゥアナオ（あれば）… 15g
固形スープの素 … 1個
タマリンドペースト … 50mℓ
水 … 1.4ℓ

作り方

1. パッカートは約5cmの長さに切る。スペアリブは骨付きのまま、食べやすい大きさに切る。
2. 鍋に水を入れて中火にかける。沸騰したらスペアリブを入れ、肉の色が変わったら、ガピ、トゥアナオ、スープの素を入れて軽く混ぜる。蓋をしてさらに煮込む。
3. スペアリブが柔らかくなったら（水の量はひたひたより少し多めが目安）、パッカートを加え蓋をしてさらに煮る。約10分煮詰め、パッカートがクタクタに柔かくなったら、タマリンドペーストを加え軽く混ぜれば完成。

これがパッカート。菜の花によく似た黄色い花を咲かせる。

もっとおいしく！ メモ

トゥアナオは北タイ料理によく使われる大豆を発酵させて作る調味料で、タイの納豆とも呼ばれているもの。日本では手に入りにくいので、ない場合はガピを少し増やすなどして味をととのえる。かあさんのオリジナルレシピには豚の血も入れるので、もし手に入れば塊状の豚の血を約60g加えるとさらに味に深みが出る。菜の花がない季節は小松菜で作ってもいい。

もっとおいしく！ メモ

パックペウ（北タイではパックパイ）はドクダミに似た独特のクセのあるハーブで、ベトナムコリアンダーと呼ばれているもの。なければ入れなくてもいい。プリックポンラープ（北のラープ用のスパイス）が手に入らない場合、カルダモン、花椒、黒コショウ、パクチーの種をから炒りしてから粉状に潰したもので代用可能。豚肉を叩く際に豚の血を適量加えると味に深みが出る。

ลาบคั่ว

ラープクア

北部のラープは炒める！

タイ料理好きにはおなじみの料理、ラープの北部版。クアとは「炒る」、という意味で、イサーンのラープ（P116）とは違い炒めて仕上げるのが特徴。豚の血や珍しいハーブを入れるのが本場式の作り方だけど、ここは日本。手に入る材料で自分好みの味わいを探してみるのも楽しい。タイ北部を訪れるチャンスがあれば、プリックポンラープを買ってくるのをお忘れなく。

材料（5～6人分）

豚もも肉 … 260g

モツ、レバーなどのホルモン
… 合わせて 260g

ホムデーン … 60g

ニンニク … 30g

レモングラス … 50g

パクチー … 25g

パクチーファラン … 20g

パックペウ（あれば）
… 20g

細ネギ … 1本

チリパウダー … 10g

プリックポンラープ
… 5g

塩 … 小さじ 1.5

サラダ油 … 大さじ 6

作り方

1. ホムデーンは薄切り、ニンニクはクロックで細かく潰し（または包丁の腹で叩いてからみじん切りにする）、レモングラスはごく薄い小口切りにする。フライパンにサラダ油大さじ 4 を入れて熱し、ホムデーン、ニンニク、レモングラスをそれぞれカリカリになるまで揚げておく。

2. パクチー、パクチーファラン、パックペウ、細ネギはすべて小口切りにする。

3. 豚もも肉は包丁で細かくなるまで叩く。ひき肉状になったら塩を加え、粘りが出るまでさらに叩いておく。鍋に水と塩各適量（分量外）、あればレモングラスとカーの薄切り（分量外）を入れて中火にかけ、沸騰したらホルモンを入れて煮る。火が通り柔らかくなったら取り出し、5mm 幅に切っておく。

4. ボールに叩いた豚もも肉、3のホルモンの煮汁 1/2 カップ、チリパウダー、プリックポンラープを加えて軽く混ぜたら、塩少々（分量外）と切ったホルモンを加えてよく混ぜる。さらに1のレモングラスとホムデーン、ニンニクの半量、2を加え、軽く混ぜる。

5. フライパンにサラダ油大さじ 2 を入れ、4 を炒める。豚もも肉に火が通ったら器に盛り、残りのホムデーンとニンニクをのせ、お好みでパクチーなどのハーブ類や白菜、トマト（分量外）を添える。

レモングラス、ホムデーン、ニンニクはキツネ色になるまで揚げる。

แกงฮังเล

ゲーンハンレー

豚の旨みと甘みの塊カレー

「家ではほぼ北部料理しか作らない」というキアオかあさんの得意料理。豚バラ肉をじっくりと煮込んで作る甘みと酸味のある北部の名物だ。豚の旨みと甘みがぎゅーっと凝縮されたカレーはなかなかに味わい深く、現地を訪れた日本人の多くがファンになるというのも納得。仕上げに加えるショウガがキリッと爽やかで、濃厚ながらも不思議としつこさは感じない。

材料（約4～5人分）

- 豚バラ肉 … 500g
- ホムデーン … 40g
- タマネギ … 20g
- レモングラス … 20g
- カー … 10g
- ニンニク … 5g
- ショウガ … 25g
- ピーナッツ … 20g
- ゲーンハンレーペースト … 50g
- ガピ … 15g
- ココナッツシュガー … 50g
- タマリンドペースト … 35mℓ
- サラダ油 … 大さじ1/2
- A
  - シーユーワーン … 大さじ1/2
  - シーユーカオ … 大さじ1/2
  - ガラムマサラ … 2g
- 水 … 500mℓ

作り方

1. レモングラスとカー、ホムデーン、タマネギはスライス、ショウガは千切りにする。豚バラ肉はひと口大に切る。
2. クロックにレモングラス、カー、ニンニクの順に加え潰す。ホームデーン、タマネギも順に加え、細かいみじん切りくらいになったらガピとゲーンハンレーペーストを加え、よく混ぜる。
3. ボウルに豚バラ肉と**2**、Aの調味料をすべて入れ、よく混ぜて豚バラ肉になじませる。
4. 鍋にサラダ油を入れ中火にかけ、**3**を加えて焦げないよう炒める。ペーストの香りが立ち、軽く火が通ったら水を加えてよく混ぜ、弱火で約40分煮込む。
5. 豚バラ肉が柔らかくなり、水分がほとんどなくなったらタマリンドペーストとココナッツシュガーを加えて軽く混ぜ、蓋をしてさらに約10分煮込む。ほぼ水分がなくなったら火を止め、ピーナッツとショウガを加え軽く混ぜれば完成。器に盛り、お好みで千切りのショウガ（分量外）をトッピングする。

もっとおいしく！ メモ

ゲーンハンレーペーストは日本のタイ食材店やネット販売で購入可能。ホムデーンを多めに入れて甘みを出すのがかあさんのこだわり。

หมูผัดกะปิ

ムーパットガピ

子どもウケする
簡単豚肉炒め

お孫さんたちが好きな料理を、とリクエストしたら作ってくれたのがこれ。キアオかあさんが家で作る、数少ない北部料理以外のメニューだ。豚肉の甘みとガピの旨みをレモングラスがすっきりととのえていて、シンプルながらも噛むほどに深みがある。忙しい時は、これとごはんにスープだけで大人も子どもも十分満足、というのも納得のクオリティー。

材料（4人分）

豚もも肉 … 350g
ホムデーン … 30g
レモングラス … 15g
トウガラシ（プリックチーファー）… 5g
ニンニク … 20g
ガピ … 15g
砂糖 … 大さじ1
水 … 大さじ1

作り方

1. ガピは水で溶いておく。豚もも肉は約5mmの厚さのスライス、レモングラスは小口切り、ホムデーンはスライス、トウガラシは斜めにスライスする。ニンニクはクロックで軽く潰すか、包丁の腹で叩いて粗みじん切りにする。
2. フライパンを中火にかけ、豚もも肉を入れて炒める。豚もも肉が白っぽくなってきたら片側によけ、空いたスペースにニンニクを入れて炒める。ニンニクの香りがしっかり立ってキツネ色になったら豚もも肉と炒め合わせ、ホムデーンを加える。
3. ホムデーンの香りが立ってきたらレモングラスを加え炒め、香りが立ったらガピを加える。ガピが全体に混ざったら砂糖とトウガラシを加え、軽く炒めれば完成。器に盛り、お好みでパクチー（分量外）を添える。

แกงจืดเต้าหู้

ゲーンジュータオフー

どこまでもシンプルな味

タイのスープといえば、火を吹くほどに辛かったり、ココナッツミルクたっぷりでとにかく濃厚だったり。そんなイメージを一瞬で覆す、どこまでもシンプルなスープ。味つけはスープの素と少しのシーユーカオ、コショウだけで、後はほぼ野菜の甘み頼り。どんな料理とも合わせやすいので、激辛料理や油多めな炒めものの箸休め的存在にもなってくれる、心強い一品だ。

材料（約8人分）

卵豆腐（豆腐でも可）… 120g × 5パック
白菜 … 220g
大根 … 120g
ニンジン … 190g
細ネギ … 1本
クンチャイ … 1本
ニンニク … 15g
固形スープの素 … 1.5 〜 2個
シーユーカオ … 大さじ1〜2
コショウ … 少々
水 … 1ℓ

作り方

1. 白菜は縦半分に切ってから、5cm幅に切る。大根は約5mmのいちょう切り、ニンジンは約5mmの半月切りにする。卵豆腐はひと口大に切る。ニンニクは皮をむいておく。細ネギとクンチャイは長さ約4cmのざく切りにする。
2. 鍋に水を入れて中火にかけ、沸騰したら大根とニンジンを入れる。火が通ったらニンニクを加え、香りがしてきたらスープの素とシーユーカオを入れてよく混ぜ、白菜を加える。
3. 白菜が柔らかくなったら卵豆腐を加え、卵豆腐がしっかりと温まったらコショウを入れて火を止め、細ネギとクンチャイを加えて軽く混ぜる。

もっとおいしく！ メモ

タイでは一般的にチューブ状の卵豆腐を使うことが多い。もちろん、卵豆腐以外の豆腐でもOK！　クンチャイがない場合、セロリの葉を使用してもいい。

スイカの甘み丸ごと堪能

น้ำแตงโมปั่น

ナムテンモーパン

น้ำสับปะรดปั่น

ナムサッパロットパン

繊維も栄養も詰まってる！

น้ำแตงโมปั่น

ナムテンモーパン

タイの屋台でも定番のスイカジュース。暑い日に飲むと疲れが取れる。

材料（約3人分）

スイカ … 220g　シロップ … お好みの量
氷 … 2カップ強　水 … 300mℓ

作り方

1. スイカは皮をむき、ひと口大にカットする。
2. ミキサーに水と氷、スイカ、シロップを入れ、スムージー状になるまで撹拌する。お好みで塩少々を加えてもいい。

น้ำสับปะรดปั่น

ナムサッパロットパン

生ジュースの旨さに感動。お好みでエバミルクを加えても美味。

材料（約3人分）

パイナップル … 220g　シロップ … お好みの量
氷 … 2カップ強　水 … 300mℓ

作り方

1. パイナップルは皮をむき、ひと口大にカットする。
2. ミキサーに水と氷、パイナップル、シロップを入れ、スムージー状になるまで撹拌する。

ลำไยลอยแก้ว

ラムヤイロイゲーオ

昔ながらのタイスイーツ。余計なものを加えず、フルーツの味を堪能。

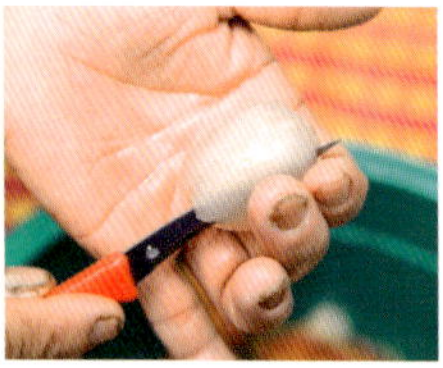

種はカービング用のナイフを使うと取りやすい。

材料（約3人分）

ラムヤイ（龍眼）… 250g　砂糖 … 50g
水 … 300mℓ

作り方

1. ラムヤイは皮をむき、種を取っておく。
2. 鍋に砂糖を入れ弱火にかけ、焦げないようによく混ぜながらゆっくりと砂糖を温める。砂糖が溶けない程度に温まったら、水を加える。強めの中火にして、お玉で混ぜながら砂糖をしっかり溶かす。
3. 沸騰したらラムヤイを加え、軽く火が通り白っぽくなったら火を止める。よく冷ましてから器に盛り、細かく砕いた適量の氷（分量外）をトッピングして、よく混ぜながら食べる。タイのデザートは甘めなので、砂糖の量はお好みで調整を。

冷たいフルーツのシロップ漬け

ลำไยลอยแก้ว

ラムヤイロイゲーオ

モンかあさんのお母さん（右）とパワフルなモンかあさん（真ん中）。赤ちゃんの頃からこの家で姉妹同然に育ったいとこのオレーさん（左）も料理を手伝いに来た。

家族みんなを幸せにする
南タイかあさんの味

モンかあさん

マレーシアと国境を接するタイ南部の県、ソンクラー。その中心地にあるハジャイ空港から2時間ほど車を走らせた小さな村に佇む木造の家が、モンかあさんの実家だ。近くの町で25歳になるひとり息子と暮らしていたモンかあさんだが、大病を患って長い間入院していた実のお母さんが「人生の最後は、どうしても大好きな自分の家で暮らしたい」と希望。介護のために現在は実家に戻っている。

介護といってもひとりですべてを見ているわけではなく、何かあれば兄弟やいとこたちがすぐに集結。海外に嫁いだ妹さん以外の家族はみんな近くで暮らしているので、協力し合いながらお母さんの介護をしている。その甲斐あって、お母さんの病状は家に戻ってからみるみる改善したそう。一時は寝たきりだったのにも関わらず、今ではモンかあさんと一緒に家事ができるほど元気になった。

マレーシアに近い南タイの料理は、日本でよく知られているバンコクのタイ料理とは、似ても似つかないものも多い。日本人には味も見た目も馴染みのない料理ばかりだが、海に囲まれた地域だけに豊富な魚介を生かした

1

1. 親戚が集まった時は、庭にテーブルを出してみんなで食べるのが決まり。2. 撮影があると聞いて、集まってくれた親戚たち。3. モンかあさんのお母さんが大切にしている自慢のキッチン。4. 家には数年前に亡くなったお父さんの写真も。

2

4

3

味わい深い料理がたくさんある。モンかあさんや妹同然に育ってきたオレーさんが作るのも、もちろん地元の食材を使った南タイ料理が中心だ。ファミリーに伝わるレシピのルーツは、モンかあさんのおばあちゃんの味。料理上手だったおばあちゃんのレシピを見よう見まねで覚えたお母さんが娘たちにその作り方を教え、大切な家族の味を今に受け継いできた。

難しそうに見えて、意外とシンプルなものが多い南タイ料理は、使うハーブや調味料もほかの地域に比べると少なめ。味付けは塩とニンニク、ターメリックが中心で、そこに新鮮な魚やエビのダシが加わり、染み入るような滋味深い味わいが完成するのだ。例えばトムヤムクンにしても、バンコクではレモングラスやバイマックルー、チリインオイルなどを入れるのに対し、南

仲良しなモンかあさんとオレーさん、お母さん。いつも誰かが遊びに来ていて賑やかなモンかあさんの実家。

タイのトムヤムクンの主役はあくまでエビの旨み。そこに塩とマナオを少々加えることで、エビの旨みと甘みをより引き立たせたシンプルかつ味わい深いスープに仕立てている。

調理法や使う調味料がシンプルなだけに、おいしく作るためには何より食材選びが重要となる。モンかあさんも妥協することなく、魚はここ、野菜はここ、と市場をハシゴ。トムヤムクンの味を左右するエビに至っては、その日の朝に獲れた新鮮なエビを購入するため、知り合いの漁師の元へいとこを走らせるほどのこだわりよう。必要なハーブがあれば自ら庭や近くの林で収穫し、採れたてのフレッシュな香りのものだけを使用している。日本人からすると驚くほどのこだわりに感じるけれど、それぞれの食材の最高の瞬間を捉えて可能な限りおいしく仕上げるの

撮影があると聞いて、近くの親戚が子どもたちを連れて続々集合！　青空の下、みんなで食べるごはんは格別。

は、食物が豊かな土地に生きるモンかあさんの家族にとっては当たり前のこと。タイ南部の自然に育まれた食材から生まれる料理こそが、代々伝わる彼らの家庭の味なのだ。

一見、素朴な暮らしをしていそうなタイ南部の家で受け継がれていた、驚くほど豊かな食生活。ヤシの木の下、テーブルを囲むみんなの笑顔は底抜けに明るくて、おいしいものは人を幸せにするって本当なんだ、と実感させられた。取材の最後に「この家族の一員として生まれてきたことが人生で1番の喜び。家族みんなが思い合っていて、いくつになってもこうして集まれることに幸せを感じるの」と話してくれたモンかあさん。幸せってすごくシンプルで、実は手の届くところにある。そんな当たり前のことを、南タイの元気な大家族が教えてくれた。

ต้มยำกุ้ง
トムヤムクン

エビの旨みだけで食べるシンプルの極み

ミソたっぷりの新鮮なエビが豊富な南部のトムヤムクンには、ハーブもミルクもチリインオイルも入っていない。なぜならエビの旨みだけでそのすべてを補って余りあるほどに味わい深いからで、飲んだ瞬間「はぁ～」っと感嘆のため息が漏れた。素材の味を生かすことの本当の意味を教えてくれるシンプルを極めたトムヤムクンは、南タイの食材の豊かさに溢れた一品だ。

材料（約２人分）

有頭エビ（大きめのブラックタイガーなど）… ３～４尾
ホムデーン … 30g
パクチー … １本
細ネギ … １本
トウガラシ（プリックガリアン）… ４本
マナオ汁 … 大さじ３
塩 … 小さじ１
ナンプラー … お好みで
水 … 800mℓ

作り方

1. エビは頭を残して殻をむき、背中に切り目を入れて背ワタを取っておく。ホムデーンは薄くスライス、パクチーと細ネギは小口切り、トウガラシは斜め切りにしておく。
2. 鍋に水と塩を入れて火にかけ、沸騰したらエビを加える。
3. エビに火が通ったら火を止め、ホムデーン、マナオ汁、トウガラシを加え軽く混ぜる。味見をして、お好みでナンプラー少々を加える。器に盛り、パクチーと細ネギを散らす。

もっとおいしく！ メモ

シンプルにエビの旨みと甘みを楽しむスープなので、エビはなるべく大きくて頭が付いたものを使うとおいしい。

ข้าวยำ

カオヤム

特別な日のための華やかな一皿

タイ正月やお祝いの日、家族で囲むテーブルを華やかに彩る南部の名物料理。ごはんの周りにはハーブや野菜が色鮮やかに並び、全体をよく混ぜて食べる。ごはんと生野菜って合うの？と思うかもしれないが、心配無用。魚ベースのコクのあるタレが全体をまろやかにまとめ、シャクシャクとした野菜の食感が美味なるアクセントに。見た目だけでなく、味わいも華やか！

材料（約3～4人分）

ごはん（タイ米）… 300g
レモングラス … 20g
ドックダーラー
（トーチジンジャー）… 15g
パーホム … 10g
バイチャップルー … 10g
青いマンゴー … 30g
長ササゲ
（インゲンでも可）… 30g
ローストココナッツ … 15g
干しエビ … 10g
カオタン（おこし）… 10g
チリパウダー … 小さじ2

タレ（約4～5人分）
ナームブードゥー … 300g
レモングラス … 80g
カー … 40g
バイマックルー … 12枚
パームシュガー … 250g

作り方

1. まず、タレを作る。レモングラスは斜め約2cm幅、カーとバイマックルーは粗みじんに切る。
2. 鍋にパームシュガーを入れ弱火にかけ、柔らかくカラメル色になったらナームブードゥーと1を加え、中火でコトコトと煮詰める。約20分で火からおろし、ザルで漉せばタレの完成。器に適量入れておく。
3. レモングラス、ドックダーラー、パーホム、バイチャップルーは1mm幅くらいのスライス、青いマンゴーは千切り、長ササゲは小口切りにする。ローストココナッツと干しエビはフードプロセッサーで細かくし、カオタンは指で軽く潰す。
4. 皿の中央にごはんを盛り、周りに2のタレと3、チリパウダーを彩りよく盛り付ける。

もっとおいしく！ メモ

タレは冷蔵庫で約3カ月保管が可能。ナームブードゥーは南タイの調味料で日本では手に入らないので、適量のガピに水とアンチョビ2～3枚を刻んで混ぜたもので代用する。添えるハーブや野菜も日本のもので代用してもいい。代用する際はなるべく苦味や酸味、ショウガのような爽やかな辛さなど、食感と味わいが異なるものを賑やかに揃えるのがコツ。

食べる時にはごはんにタレを適量回しかけ、具とごはんをよく混ぜて食べる。タレは甘めなので、少しずつかけるのがポイント。

材料（約4～5人分）

バナナの花 … 180g

サイブア（ハスの茎）… 350g

ブアップリアム（なければズッキーニ）… 400g

タムルン（なければ小松菜） … 70g

メーンラック（またはバジル）… 65g

トウガラシ（プリックガリアン）… 6本（お好みで）

1の工程の際、エビは身が少し崩れる程度に、軽く潰す。

ペースト

生むきエビ … 280g

ホムデーン … 60g

粒黒コショウ … 大さじ1

塩 … 大さじ1/2

ガピ … 80g

水 … 600㎖

作り方

1. まず、ペーストを作る。クロックに粒黒コショウと塩を入れ軽く潰したら、ホムデーンを加えて細かくなるまで潰し、ガピも加えてよく混ぜる。そこに生むきエビを加え、エビが少し崩れる程度に軽く潰す。

2. バナナの花は千切り、サイブアは約5cmの長さに切り、ブアップリアムは皮をむき乱切り、トウガラシは半分に切っておく。

3. 鍋に水を入れ、沸騰したら1のペーストを加えて混ぜ、溶けたらバナナの花、サイブア、ブアップリアム、タムルンの順に加えて軽く混ぜる。

4. ブアップリアムに火が通ったらメーンラック、トウガラシを入れ、軽く煮立ったら完成。

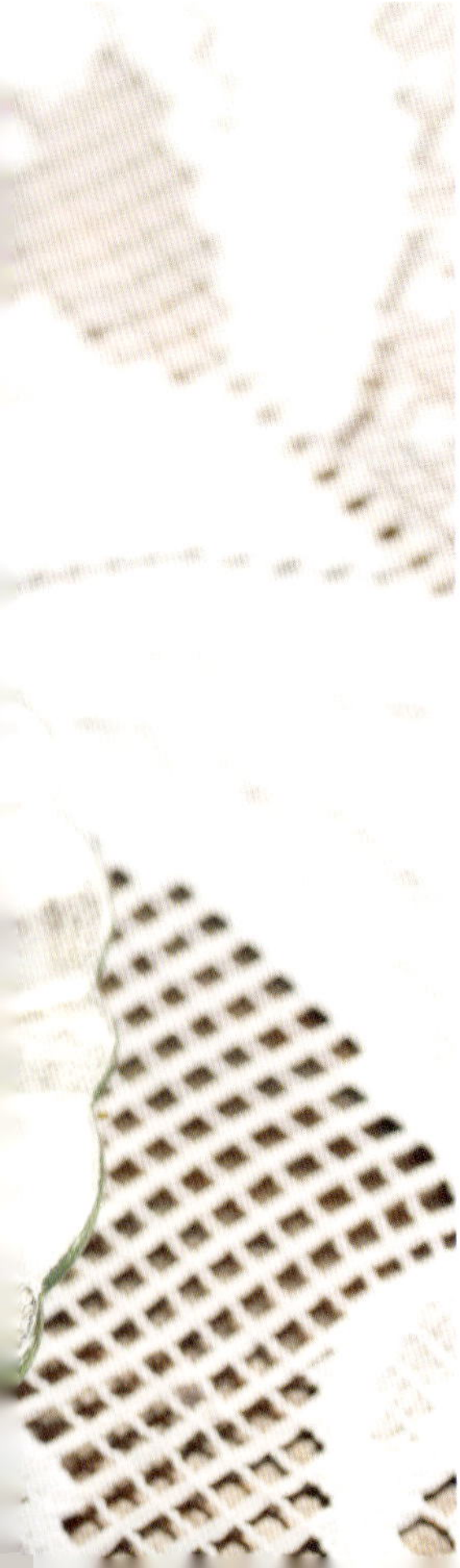

もっとおいしく！ メモ

野菜は日本のもので代用可能。ズッキーニやカリフラワー、インゲン、カボチャ、ほうれん草、小松菜などをお好みで。固い野菜と葉野菜をバランス良くミックスするのがおすすめ。

แกงเลียง

ゲーンリアン

**野菜の甘みは
ここまで深まる！**

日本でエビは主役級食材だが、タイではときに調味料扱いになることも。5、6種類の野菜を煮込むこのスープもそう。潰したエビが野菜の甘みをとことん深めるための引き立て役として、陰ながら活躍している。発酵調味料であるガピの旨みも手伝い、その味わい深さは底なし。辛くも油っこくもないのにここまでおいしい。タイ料理の世界は、思ったよりずっと深い。

ปลาทอดขมิ้น

プラートートカミン

ターメリックの
黄色が効いてる

南北に長細いタイでは、北と南でまったく違う料理を食べている。マレーシアと国境を接する南部はイスラム文化の影響を強く受けており、ターメリックを使った料理が多いのも特徴。これもそのひとつで、サクサクに揚がった魚に、ターメリックの黄色と香りがぐっと効いている。ビールが進む、おつまみにぴったりの魚料理だ。

材料（4～5人分）

魚（プラーサーイ）… 9尾
（またはアジ、カレイ、タイなど … 750g）
ターメリック（生）… 25g
ホムデーン … 40g
ニンニク … 50g
ナンプラー … 小さじ2
塩 … 大さじ1弱
粒黒コショウ … 小さじ1
サラダ油 … 200mℓ

作り方

1. ターメリックは皮をむいて5mm幅にスライスしておく。 クロックに塩、粒黒コショウを入れて潰したら、ターメリックを加え軽く潰し、ニンニクを加えて細かくなるまで潰す。最後にホムデーンを加えてすべてが細かくなるまで潰す。
2. 皮に切れ目を入れた魚にナンプラーを均一にふりかけ、**1**のペーストを全体に塗り、約5分置いてなじませる。
3. フライパンにサラダ油を入れ火にかけ、フツフツとしてきたら（約200℃）、**2**の魚を3～4尾ずつ揚げる。途中で天かすのような衣が浮いてきたら、焦げないようキツネ色になったところで先に取り出しておく。魚は約5～6分間揚げて、中まで火が通ったら完成。皿に盛り、先に取り出しておいた天かすをふりかける。

もっとおいしく！ メモ

ターメリックを切るとまな板が黄色くなるので、牛乳パックなどを使うのがおすすめ。モンかあさんは魚のほか、鶏もも肉で作ることも多いそう。お好みでP102のナムチムシーフードを付けて食べてもおいしい。

1のペーストは魚に塗りやすいようすべての材料が細かくなるまでよく潰し、全体にくまなく塗るのがポイント。

น้ำพริกกะปิ

ナムプリックガピ

**みんな大好き
万能ディップ**

ナムプリックとは、野菜や魚、ごはんなどに添えて食べるディップのこと。いろいろな種類があるけれど、1番ベーシックなのがこれ。軽く炙って香ばしさを出したガピをベースに、辛さや酸味、甘みを加えたバランスのいい味わいが特徴だ。モンかあさんのは酸味と辛さが際立ったパキッとした仕上がり。切っただけの生野菜も、これさえあれば一瞬で家族のごちそうになる。

材料（約3〜4人分）

ガピ … 65g

干しエビ … 大さじ3

トウガラシ（プリッキーヌー）… 10本

ニンニク … 30g

パームシュガー … 20g

マナオ汁 … 大さじ2.5〜3

好みの生野菜 … 適量
（キュウリ、インゲン、キャベツ、白菜、パクチーなど）

作り方

1. ガピはバナナの葉で包んで直火で焼くか、魚焼きグリルで表面に軽く焦げ目がつくまで炙る。
2. クロックに干しエビを入れ細かくなるまで潰したら、トウガラシ、ニンニクの順に加え、それぞれ細かくなるまで潰す。
3. 1のガピ、パームシュガーを加え練り混ぜ、最後にマナオ汁を加えて均一になるよう混ぜる。
4. 器に盛り、食べやすいサイズに切った好みの生野菜を添える。味が濃いので、少しずつ野菜にかけながら食べるのがタイスタイル。

もっとおいしく！ メモ

かなり辛いので、トウガラシの量は少なめから調整するのがおすすめ。生野菜のほか、蒸し野菜や野菜の天ぷら、アジなどの焼き魚、卵焼きなどを添えてもおいしい。タイではごはんのお供として食べることもある。

ガピは手で丸く平らにして、軽く焦げ目がつくまで焼いてから使うと香ばしく香りよく仕上がる。魚焼きグリルで焼く場合は、包まず直接焦げ目をつける。

ข้าวต้มกุ้ง

カオトムクン

さらさらいける朝のごちそう

いつもは離れて暮らす親戚が集まり、みんなでモンかあさんの実家に泊まった翌日。前の日の晩餐用に買ったエビの残りを使って作るのが、このちょっと贅沢なお粥だ。まだ日が完全に昇る前の涼しいうちにみんなで庭に出て食べるお粥は、故郷に戻った家族の心も体もポカポカと温めてくれる。エビのほか、豚ひき肉や魚、イカなどのシーフードを使ってもいい。

材料（2人分）

米（タイ米）… 50g
もち米（タイ米）… 25g
エビ … 2尾（頭付きのブラックタイガー、バナメイなど）
パクチー … 1本
塩 … 小さじ1
細ネギ … 1本
シーユーカオ … 小さじ1/2
水 … 800mℓ

作り方

1. エビは頭を残して殻をむき、背を開き背ワタをとっておく。パクチーと細ネギは小口切りにする。
2. 米ともち米を合わせ3回くらい洗う。鍋に米ともち米、水、塩を入れて中火にかけ、沸騰するまで時々かき混ぜる。沸騰したら弱火にし、約20分間、米が柔らかくなるまで煮る。
3. エビを加え、エビに火が通ったら火を止めてシーユーカオを入れる。器に盛り、パクチーと細ネギを散らす。

もっとおいしく！メモ

エビからダシが出るので、薄味に仕上げるとおいしい。お好みでコショウをふってもいい。

น้ำจิ้มซีฟู้ด
ナムチムシーフード

海の食材なら全部お任せ！

タイ語で「シーフードのタレ」という意味。酸味と辛さをしっかりと効かせたタレは、焼きもの、蒸しもの、鍋、スープなど、あらゆるシーフード料理に添えられるくらいタイでは一般的。シーフードに少し付けて口に運べば、際立つ酸味と辛さの中にほんのり優しい甘みが広がり、淡白な魚介類とよく合う。甘みが強い日本のカニとの相性もいいので、ぜひ試してほしい。

材料（作りやすい量）

パクチーの根 … 2本
トウガラシ（プリックガリアン）… 5本
ニンニク … 15～20g
ホムデーン … 20g
マナオ汁 … 大さじ 4
パームシュガー … 大さじ 1
ナンプラー … 小さじ 1
塩 … 小さじ 1/2

作り方

1. クロックに塩、パクチーの根、トウガラシを入れて潰す。細かくなったら、ニンニクを加えさらに潰す。ホムデーンを加え、すべての材料が細かくなるまでよく潰す。
2. マナオ汁、パームシュガー、ナンプラーを加えて、全体が均一になるようよく混ぜる。シーフードに添え、少しずつかけながら食べる。

もっとおいしく！ メモ

かなり辛いので、トウガラシの量は少な目から調整するのがおすすめ。エビやイカ、魚、貝類など、どんなシーフードにもよく合う。

แกงส้ม

ゲーンソム

辛くて沁みる 南のソウルフード

バンコクなどで食べられているオレンジ色のゲーンソムとは違いゲーンルアン（黄色いスープ）とも呼ばれている南部のそれはターメリックの黄色。見た目はインパクトがあるけれど、スパイスのおかげで魚臭さはなく、するすると体に入っていく。いつでも好きな時に食べられるよう大鍋に作り置きしている、南部の味噌汁的存在。家族みんなのソウルフードだ。

材料（約5人分）

プラーガポン（スズキ）… 600g

ヨートマプラオ
（またはタケノコ）… 200g

マナオ汁 … 大さじ5

水 … 600㎖

ペースト

ターメリック（生）… 6g

ホムデーン … 30g

トウガラシ（プリックガリアン）… 3本

ニンニク … 10g

塩 … 小さじ1/2

ガピ … 40g

作り方

1. プラーガポンは約10cm幅のぶつ切りにする。ターメリックは皮をむき、約5mm幅に切る。
2. ペーストを作る。クロックに塩とターメリックを入れ細かくなるまで潰したら、トウガラシを加え細かくなるまで潰す。ニンニクを加え、細かくなったらホムデーンを加えさらに潰す。すべて細かくなりちょっと水っぽくなったら、ガピも加えて練り潰す。クロックがない場合、フードプロセッサーで代用する。
3. 鍋に水を入れて中火にかけ、沸騰したら**2**のペーストをすべて加える。ぶくぶくと沸いてきたらプラーガポンを加え、もう一度沸いたらマナオ汁の半量を加える。さらに沸いたらスライスしたヨートマプラオを加え、火が通ったら残りのマナオ汁を加えて味をととのえる。

ちょっと一息、豆知識

タイ、台所あるある！

タイの台所に必ずといっていいほどあったものやこと。タイ料理好きならちょっと気になるそんな「タイの台所あるある」をご紹介。

まずはこれ、料理好きのかあさんたちが必ず持っていたクロック！　臼によく似たクロックは、食材を潰したり叩いたりするのに使う道具で、用途に合わせて石製や土製、木製のものを使いわける。とくにニンニクやトウガラシを潰したり、カレーなどのペーストを作るのに便利な石のクロックは必需品。フードプロセッサーなど便利な道具が普及した今も、クロックで潰したほうが香りや食感がよく料理がおいしく仕上がることから、ひと手間かかってもクロックを使うことにこだわる料理好きは多い。イサーンの家庭では、ソムタム用の土製クロックも必需品！

かあさん家のクロックスナップ

母の代から受け継がれたもの。

クロック用の台と椅子を完備。

見た目よりずっと重い。

ペースト作りはこれがないと！

ソムタム用の土製クロック。

土製は重すぎず、程よく叩ける。

ほかに、こんな「あるある」ありました！

全家庭の必需品

お玉、フライ返し、しゃもじ、すべてを兼ねる万能調理器具。

さすがフルーツ大国

どの家にもフルーツが常備されていて、ささっと出してくれる。

中華鍋率、高し！

炒めものは中華鍋で作るかあさんが多い。フライパンでも可。

伝統技術、カービング

フルーツや野菜に手際よく飾り切りをするかあさんたち。

どっしり、長持ち

どの家庭でも使われている丸くて厚みのあるまな板。

目分量が基本！

調味料の計量は基本、目分量。長年培ったカンが頼り。

無駄なく搾れる

マナオを搾る時は、スプーンやれんげを使うと無駄がない。

おかずからおやつまで

蒸し器はスープや蒸し料理のほか、温め直しやおやつ作りにも。

ニンニクは潰してから

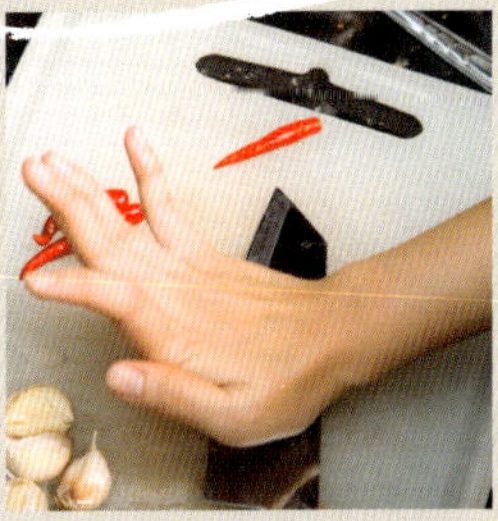

ニンニクは切る前に包丁の腹で潰すと、香りがより立つ。

發興裕

報德堂
BLS

静かな語り口で、控えめな印象のプンかあさん。現在5歳と7歳になるいとこの子どもたちの母親代わりを務める。ご主人と前妻の間にいる娘さんたちも、実の娘のようにかわいがっているそう。

プンかあさん

ファミリーを支えるのは
母に習った故郷の味

バンコクから車で約1時間。工業地帯として栄える街のはずれ、緑に囲まれた美しい住宅街の中にプンかあさんの家はある。水色の屋根がかわいらしい一軒家は、約25年間海外のタイ料理店でコックとして働いていたプンかあさんが、自分の貯金で建てたもの。現在は5年前に結婚したご主人とふたりでここに暮らしている。

50歳を過ぎて結婚したプンかあさんには、実子はいない。けれど、家族や親戚みんなで協力し合って子どもを育てるのが当たり前のタイらしく、彼女を「メー（タイ語でかあさんの意味）」と呼んで慕い、幼稚園や学校が終わったらプンかあさんの家に帰宅してくる子どもが現時点だけでふたりもいる。彼らは近所に住むいとこの子どもたち。工場で夕方から朝まで働くふたりのいとこに代わり、仕事を引退した専業主婦のプンかあさんが、彼女たちの子どもの世話を一手に引き受けているのだ。

コック歴25年ともなれば料理の腕前はプロ級、というかプロ。基本的にはどんなタイ料理でも作れるけれど、ご主人や子どもたちにふるまうのは、自分たちの出身地であるタイ東北部、イサーン地方の料理がほとんどなのだとか。「コック時代に覚えた料理もたくさんあるけれど、家族にはなるべく母から教わったイサーン料理を食べてほしいの。それが、わたしたちの故郷の味だから」とプンかあさん。タイの中でも貧しいとされるイサーン地方。地元にはあまりいい仕事がないためバンコク近郊で出稼ぎ暮らしをするファミリーにとって、プンかあさんのイサーン料理は故郷と自分たちをつなぐ大切な存在。それを毎日食べることは、イサーン人であることの証のようなものなのかもしれない。

激辛料理が多いことで知られるイ

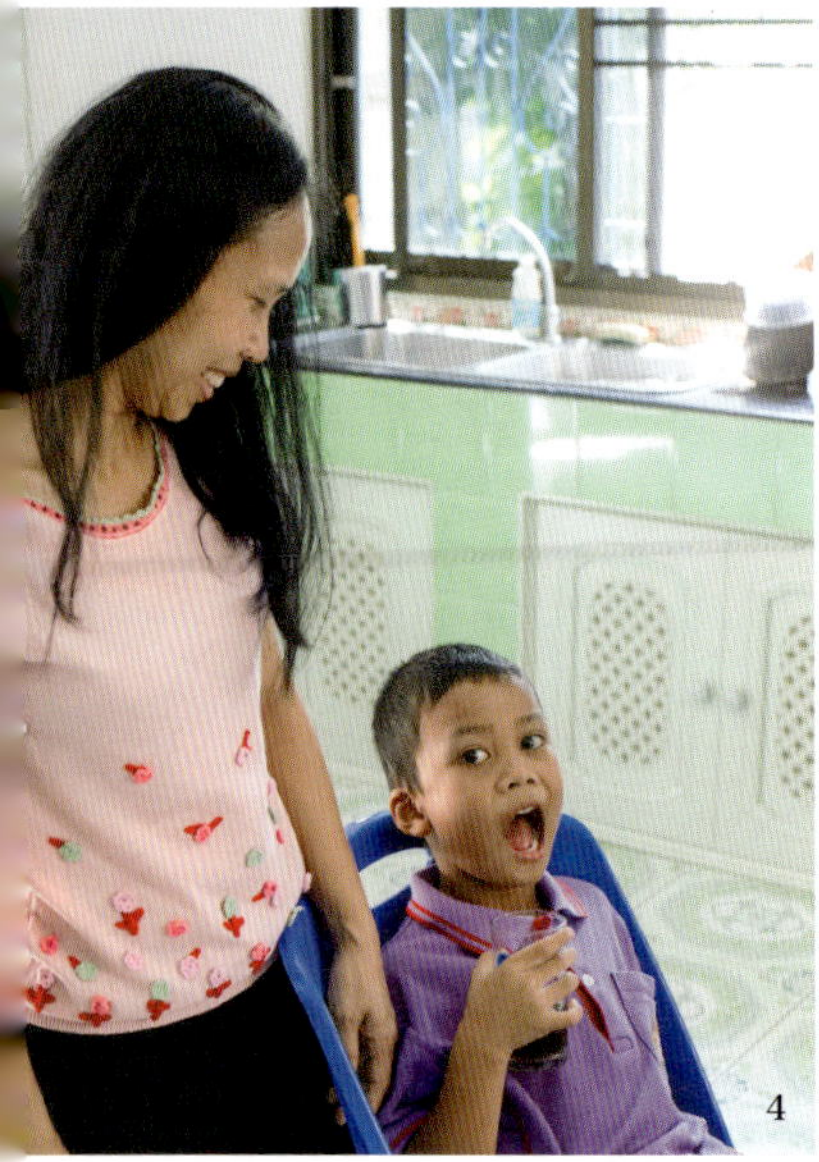

1. プンかあさん曰く、ご主人はすごく優しくて怒らない人。**2.** 隣の家に暮らすいとこのラさんと、彼女の息子のパーン君。もうひとりのいとことその子どもは外出中。**3.** タイの家でよく見かける祠。**4.** 幼稚園から戻ると、真っ先にプンかあさんの元に駆け寄りクッキーをおねだりしたパーン君。プンかあさんがいるから、ラさんも安心して工場の夜勤に出かけられる。**5.** 移動式の八百屋さん。**6.** イサーン料理に欠かせないトウガラシは、いつもキッチンに数種類を用意してある。

サーン料理だけに、プンかあさんの味も基本は辛め。けれど、子どもたちも食べられるよう下味は薄めにして大人用と子ども用のタレを別添えにしたり、味付け前に子どもの分だけ取り分けたりと、さりげなく工夫して大人と子どもの食事を作り分けている。「若い時からずっと働いてきたから、今は人生の休憩期間。家族の世話をしながらゆっくりと過ごして、年を取ったら主人とイサーンに帰るつもり」と言いながらも、家の中でもずっと誰かの世話をしている働き者のプンかあさん。撮影用の料理を作る傍らでクッキーを焼き、子どもたちのおやつまで用意してしまう、できる母なのだ。

　撮影が終わると、使っていない部屋にベビーベッドを運ぶプンかあさんの

3

5

6

姿が。どうしたのかと思ったら、なんと出産したばかりの義理の娘（ご主人と前妻の間の子）が仕事復帰するので、生後３ヵ月の赤ちゃんの面倒をこの家でみることになったのだとか。また子どもが増えることを嬉しそうに語るプンかあさんの曇りのない笑顔は、優しい母の微笑みそのものだった。

1.2. トマトを得意のカービングで花の形に。**3.** 面格子の模様がかわいいタイの台所。**4.** もち米蒸しセット。**5.** 愛用の中華鍋。**6.** 製菓学校にも通っていたプンかあさんのオーブン。

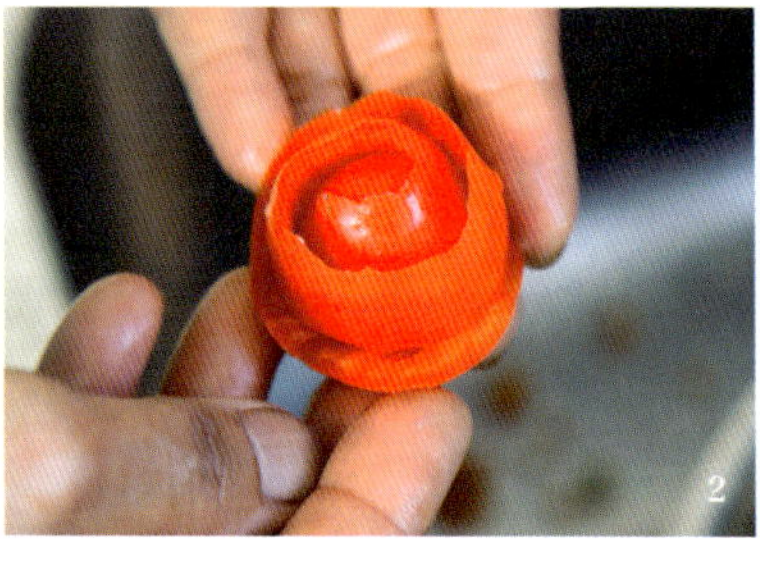

6

5

ลาบหมู

ラープムー

ハーブとひき肉の
美味なるハーモニー

口に含むとハーブの香りがふわりと広がり、その後を酸味と辛さが追いかけてくる、なんとも爽やかな肉料理。基本の材料はひき肉と少しの野菜とシンプル、作り方も簡単でプンかあさんはパパッと10分もかからずに仕上げてくれた。牛や鶏のほか、ほぐした魚の身を使ってもいいのだとか。イサーン地方を代表する一品ながら、タイ全土で愛される定番中の定番。

材料（約３人分）

豚ひき肉 … 270g
ホムデーン … 40g

A
- 細ねぎ … ２本
- パクチー … １本
- パクチーファラン … ２～３本
- ミント … 12～13枚

マナオ汁 … 大さじ４
ナンプラー … 大さじ３
チリパウダー … 小さじ２
カオクアポン … 大さじ２
(P122ページ)

作り方

1. 豚ひき肉に大さじ２のマナオ汁をかけ、軽くもんでおく。ホムデーンはスライス、Aの材料はすべて長さ約7mmに切る。
2. 小鍋に１の豚ひき肉、残りのマナオ汁、ナンプラーを入れて中火にかけて軽くかき混ぜ、豚ひき肉に火が通り、白っぽくなったら火を止める。
3. ２にチリパウダー、カオクアポンを入れ全体を混ぜて味をととのえる。ホムデーンとAを加えて軽く混ぜ合わせたら完成。好みの生野菜やハーブを盛った皿に入れ､ミントの葉（各分量外）を飾る。

もっとおいしく！ メモ

豚ひき肉をマナオ汁でもんでおくことで、柔らかく、ふわっとした食感に仕上がる。辛さはチリパウダーの量でお好みに調整を。

ラープは油を使わないので、マナオ汁、ナンプラーの水分のみで豚ひき肉に火を通す。焦げないよう、水分量に合わせて火加減は弱火から中火で調整する。

ไก่ย่าง

ガイヤーン

丸鶏を使えば迫力満点
ふるさとのもてなし料理

鶏に下味をつけたら、あとは炭火で焼くだけ。かあさんが使うのは、イサーンの家庭にはたいていあるというバーベキュー用の炭火グリル。庭に設置したグリルからはモクモクと煙が上がり、香ばしい香りが立ち込める。皮はパリッと、中はふんわりとジューシーな焼きたてガイヤーンは、子どもたちの大好物！　パーティーやピクニックにもうってつけだ。

材料（7～8人分／鶏1羽分）

鶏肉 … 1羽（約1.1kg）

A

- パクチーの根 … 3本分
- ニンニク … 15g
- ホムデーン … 30g
- レモングラス … 1本
- カー … スライス2～3枚
- 粒白コショウ … 20粒
- 塩 … 小さじ1
- 砂糖 … 小さじ1

シーズニングソース … 小さじ2

ナンプラー … 小さじ2

作り方

1. 鶏肉を焼きやすいように半身に切る。味がなじみやすくなるよう、ももと手羽の付け根に切り目を入れる。
2. Aの材料はクロックですべて細かくなるまで潰す。シーズニングソース、ナンプラーを加えよく混ぜる。
3. **1**の鶏肉の全体に**2**をよくすり込む。ラップをかけ、冷蔵庫で最低1時間～一晩寝かす。
4. **3**を炭火で約1時間、または220℃のオーブンで約40分焼く。表面にこんがりと焼き色が付き、中まで完全に火が通れば完成。好みでジェオ（P120）を添えて、少しずつかけながら食べる。

中まで味がしみ込むよう、手羽やももに入れた切り目にも、**2**をしっかりともみ込む。

骨に注意しながら、食べやすい大きさに切りわけて、皿に盛りつける。

もっとおいしく！ メモ —

レモングラスは葉の部分は使わず、下の白っぽい部分を使う。下味は薄めなので、タレを付けながら食べるのがおすすめ。タイではナムチムジェオという辛いタレやスイートチリソースを添えることが多い。子どもにはシーズニングソースを用意する。魚焼きグリルで焼く場合は、適当なサイズに切り、完全に中まで火が通るよう弱火でじっくりと焼きあげる。

แจ่ว
ジェオ

調味料としても使える万能ダレ

日本で働いた経験もあるプンかあさん曰く、日本人にとっての味噌と同じくらいイサーンの人にとって欠かせないもの。ガイヤーンやカイチアオ、焼き魚、生野菜などに添えるほか、チャーハンや野菜炒めに調味料として少し加えれば、一気にコクが出てイサーン風に。瓶に入れて冷蔵庫に常備しておけば、いつでもイサーンの味を楽しめる魔法の一品だ。

材料（作りやすい量）

A
- トウガラシ（プリッキーヌーヘン）… 15本
- トウガラシ（プリックチーファーヘン）… 5本

B
- ニンニク … 25g
- ホムデーン … 100g

パラー … 100g

タマリンドペースト … 大さじ5

砂糖 … 小さじ2

水 … 100mℓ

作り方

1. Aをフライパンで赤色が濃くなるまでから炒りし、約1cmの小口切りにする。Bは皮をむいて粗みじん切りにする。
2. クロックに**1**のAを入れて細かくなるまで潰したら、Bを加え、粒感がなくなりペースト状になるまでよく潰す。
3. 鍋にパラーと水50mℓを入れて中火にかける。沸騰してパラーの身が完全に崩れたら火を止め、ザルで濾して骨などを取り除く。
4. 鍋に**2**と**3**を入れ、タマリンドペースト、砂糖、水50mℓを加えて中火にかける。この時に味見をして、薄かったらパラーを加えて味をととのえる。5～6分煮込み、どろっとした状態になったら完成。

ข้าวคั่วป่น

カオクアポン

イサーンでは
米も立派な調味料！

米を炒って細かく砕いただけの粉ながら、ラープなどの肉料理やスープ、つけダレなど、さまざまな料理に欠かせない隠し味として使われる。隠し味とはいってもその香りとプチプチとした食感が織りなす存在感は絶大で、入れないと違う料理のように感じられるほど。カーやバイマックルーがなければ入れなくてもいいし、代わりにレモングラスを入れてもいい。

材料（作りやすい量）

タイ米（タイのもち米でも可）… 100g

カー … 20g

バイマックルー … 2～3枚

作り方

1. カーは千切りにする。バイマックルーは芯を取ってから千切りにする。
2. 米は洗わず、中火にかけたフライパンでから炒りする。米がうっすらと色づいてきたらカーを加え、さらに炒る。カーの水分が少し抜けて乾いてきたら弱火にして、バイマックルーを加える。さらに2～3分炒り、米が濃いきつね色になったら火からおろし、すぐにバットなどに移して冷ます。
3. 冷めたらクロックに入れ、少し粒感が残るくらいまで細かく潰せば完成。クロックがない場合、ビニール袋に入れて棒などで叩いてもいいが、細かくなりすぎないように注意する。

もっとおいしく！ メモ

瓶などに入れて冷蔵庫で保存も可能。ただし香りが薄まっていくので、なるべく早く使い切ること。

ส้มตำไทย

ソムタムタイ

パリパリ食感にハマる！
懐深いイサーンのサラダ

イサーンに限らず、タイ全土で愛される青いパパイヤのサラダ。紹介したベーシックなレシピにガイヤーンやカイケム（塩卵）などを具材として一緒に加えてもいいし、パパイヤの代わりにニンジンやズッキーニ、インゲンなどを使ってもおいしい。基本の酸味、辛さ、甘さ、塩気のバランスさえ守れば、バリエーションは無限大。そんな懐の深さも魅力。

材料（2～3人分）

- 青いパパイヤ … 180g（千切りにした状態で）
- 長ササゲ（またはインゲン）… 30g
- ミニトマト … 2個
- ニンニク … 10g
- トウガラシ（プリックチンダー）… 2本
- 干しエビ … 大さじ2
- ココナッツシュガー … 大さじ1強
- タマリンドペースト … 大さじ1.5
- ナンプラー … 大さじ2
- マナオ汁（絞り後の皮も使用）… 大さじ2
- 炒りピーナッツ … 大さじ3
- 桜エビ … 適量

作り方

1. 青いパパイヤは長さ約5cmの千切りにする。長ササゲは約5cmの長さに手でちぎる。ニンニクは皮をむき、ミニトマトは半分に切る。
2. クロックに洗った干しエビを入れて軽く潰す。ニンニク、トウガラシも加え、粗めに潰したら長ササゲを加え、さらに軽く潰す。
3. ミニトマト、ココナッツシュガー、タマリンドペーストを加え、軽くまぜながら叩いたら、ナンプラーを加える。
4. 青いパパイヤ、マナオ汁、絞ったマナオの皮を加え、全体を軽く叩き味をなじませる。最後に炒りピーナッツを加え全体を軽くまぜたら、器に盛り桜エビを散らす。好みでキャベツやキュウリなどの生野菜（各分量外）を添える。

もっとおいしく！ メモ

ソムタムで使用するクロックは、食材を潰す時に使う石のクロックとは違う、土や木でできたもの。石のクロックだと食材が潰れ過ぎてしまうので、使わないように注意。クロックがない場合は、すり鉢で代用するか、破けないよう2重にしたビニール袋に材料を加えていき、めん棒などで軽く叩いてもいい。かあさんは赤が鮮やかで辛さが控えめなトウガラシ、プリックチンダーを使用。トウガラシの種類によって辛さが違うので、入れる量はお好みで調整を。

あまり食材を細かく潰さないよう、軽く叩く程度にするのがおいしく仕上げるコツ。

ต้มแซบ

トムセープ

素材の旨み、
とことん凝縮スープ

タイ中部を代表するスープがトムヤムクンなら、イサーンを代表するのがこれ。ハーブや野菜から出たダシに、スペアリブの旨みと甘みがぎゅーっと凝縮された複雑な味わいで、滋味深いという表現がぴったり。レシピのままだと激辛なので、トウガラシは少しずつ加えて調整を。大きい鍋に多めに作ったら、食べる分ずつ小鍋に取り、食べる直前に味付けするのがおすすめ。

材料（3～4人分）

スペアリブ（豚）… 500g
パクチーの根 … 2本
レモングラス … 2本
カー … 25g
ホムデーン … 40g
トウガラシ（プリッキーヌー）… 7～8本
パクチーファラン（またはパクチー）… 2本
細ネギ … 1本
ミニトマト … 3～4個
ナンプラー … 大さじ2.5
マナオ汁 … 大さじ2.5
塩 … 小さじ1
水 … 1.2ℓ

作り方

1. スペアリブは約3cmの幅に切る。カーは薄くスライスし、パクチーの根、レモングラス、ホムデーン、トウガラシは包丁の腹で軽く叩いて潰しておく。パクチーファラン、細ネギは小口切りにする。ミニトマトは半分に切る。
2. 鍋に水と塩を入れ、パクチーの根、レモングラス、カー、ホムデーンを加えて中火にかける。沸騰したらスペアリブを加え、弱めの中火で煮る。再度沸騰したらアクを取り、スペアリブが柔らかくなるまで1時間以上煮込む。
3. スペアリブが柔らかくなったらミニトマトを加え、食べる直前にナンプラー、マナオ汁、トウガラシを入れて味をととのえる。仕上げにパクチーファランと細ネギを散らせば完成。

ข้าวเหนียว

カオニャオ

一度食べたら虜！
絶品柔らかもち米

蒸し立てはもちもちと柔らかいのに過度な粘り気はなく、イサーン料理のおかずとよく合う食べやすいタイのもち米、カオニャオ。イサーンの人たちはこれを指先でつまんで片手で器用にひと口大にまとめ、ソムタムやラープの汁にちょちょっと浸しては口に運ぶ。すっぱ辛い料理の汁が染みたカオニャオはまた格別なので、イサーン料理を作る時は、ぜひ一緒に用意してほしい。

材料（約10人分）

タイのもち米 … 1kg

パンダンリーフ（あれば）… 3～4枚

水 … 2ℓ

作り方

1. もち米は軽く洗いボウルなどに入れ、水（分量外）につけてひと晩置く。水の量は、もち米より2～3cm上が目安。
2. 鍋に水を入れ、もち米を蒸す用のカゴにはパンダンリーフを敷きつめておく。米粒が崩れやすいので注意しながらザルなどで水を濾し、カゴに入れて鍋の上にセットし、蓋をするか、布をかぶせる。
3. 水から強火にかけて蒸しはじめ、沸騰してから15分くらいしたら、一度カゴを振って上下を返す。パンダンリーフを取り除き、さらに10～15分蒸し、ふっくらと柔らかくなったら完成。

香りよく仕上げるため、もち米を蒸す時はパンダンリーフを使うのがかあさんのこだわり。

カゴをザッ、ザッと何度か振りながら、もち米の上下を返す。火傷しないように注意。もち米を蒸らす時に使う鍋とカゴのセットは、タイの市場などで手に入る。

もっとおいしく！ メモ

炊飯器を使って炊く場合は、もち米1カップに対し、水3/4カップが目安。

フライパンに入れた瞬間に卵がふわっと膨らむくらい、よく油を熱するのがタイの卵焼き作りの重要なポイント。これがふわっとジューシーに仕上げるコツなので忘れずに。

材料（1人分）

卵 … 2個

豚ひき肉 … 50g

ホムデーン … 10g

細ネギ … 1本

パクチー … 2本

オイスターソース … 小さじ1

シーユーカオ … 小さじ1/2

シーズニングソース … 小さじ1/2

こしょう … 少々

サラダ油 … 大さじ3

作り方

1. 豚ひき肉は軽く茹でるか、電子レンジにかけ白っぽくなるまで火を通しておく。ホムデーンは薄切り、細ネギとパクチーは小口切りにしておく。
2. ボウルに卵を割り入れ、そこにサラダ油以外の材料、調味料をすべて入れよくかき混ぜる。
3. サラダ油を入れたフライパンを強火にかけ、煙が立つ寸前くらいまでよく熱したら、**2**の卵液を一気に入れる。フライパンを回しながら全体によく火を通し、裏返して両面に軽く焼き色がついたら完成。ごはんにのせ、好みのタレを添える。

もっとおいしく！ メモ

タイではチリソースをつけながら食べることが多いが、プンかあさんのおすすめのタレはP120のジェオ。卵焼きが一気にイサーンの味に！

ไข่เจียวหมูสับ

カイチアオムーサップ

シンプルながら
コツも多い卵焼き

朝ごはんに、手抜きランチに、大人から子どもまで地方を問わず多くのタイ人が食べている定番中の定番。ふんわり、ジューシーな仕上がりで、日本の卵焼きやオムレツとは作り方も味わいも違っていて面白い。プンかあさんのこだわりは、しょっぱくならないようあえてナンプラーを入れないこと。屋台や食堂では、ガパオ炒めや野菜炒めにカイチアオを添える人も多い。

น้ำผึ้งมะนาว

ナムプンマナオ

疲れを癒す タイのレモネード

道端の屋台からレストランまで、どこでも飲めるタイの人気ドリンクのひとつ。酸味が際立つタイのライム、マナオに少々の塩を加えたその味わいは、スッキリしていてどこか鋭い。そこに故郷、イサーンの山の中で取れた野生のミツバチから採れる貴重なハチミツを合わせるのがプンさんかあさん流。濃厚な甘い香りが喉から全身に広がり、疲れを静かに癒してくれる。

材料（6〜7杯分）

ハチミツ … 165mℓ

マナオ汁 … 120mℓ

塩 … 小さじ1

お湯 … 80mℓ

水 … 500mℓ

作り方

1. ボウルなどに水以外のすべての材料を入れ、泡立て器やスプーンなどで混ぜてしっかり溶かす。
2. 溶けたら水を加え、氷（分量外）を入れたグラスに注ぐ。お好みでマナオの輪切り（分量外）を飾る。

もっとおいしく！ メモ

暑いタイでは氷が溶けてすぐに薄くなるため、甘めの仕上がりが基本。日本人には甘すぎる場合もあるので、ハチミツの量はお好みで調整を。マナオが手に入らない場合は、レモンやライムで作ってもいい。

Grape

VCC
BOARD
WAVE

HONDA

地元野菜をたっぷり使う チェンマイ家族の優しい味

ナーイかあさん

まったくメイクをしていない本当のすっぴんなのに、近くで見るとピカピカと輝く肌と髪。その若々しさに失礼とは知りつつも、「今、おいくつですか？」と思わず聞いてしまったナーイかあさん。チェンマイっ子の友人の帰省にくっついて行き、彼女に初めて会ったのは確かもう10年近く前のはずなのに、可憐でどこか少女のような清潔感を漂わせる佇まいは今も健在だった。彼女が暮らす北部の街チェンマイは、タイ国内でも美人が多いことで知られる場所。そんなチェンマイの料理には豊かな自然の中で育まれる野菜やハーブがたっぷりと使われ、米もおいしいことで有名だ。年齢を感じさせないかわいらしさの秘密は、その辺りにもあるのかもしれない。

もともと料理上手だったお母さんに料理を教わっていたというナーイかあさん。家族みんな生粋のチェンマイっ子だけに家で習った料理は北部料理がほとんどながら、結婚して子どもができてからタイ中部の料理も作るようになったのだとか。今回、「いつも家族に作っている料理を」とのリクエストに応え彼女が作ってくれた料理には、

すっきりと飾り気のない装いと柔らかな笑顔から、誠実で優しい人柄が伝わってくるナーイかあさん。庭にあるキッチンは、広くて機能的。ここにガス台もグリル用の焼き台も完備されている。

縦半分に切った地鶏の表面に焼き色をつけるため、首と脚を持ってガス台の上で炙る。なかなかワイルドな調理法。

お母さんから習った伝統的な北部料理に加え、娘たちが大好きな中部料理もラインアップ。「最近は下の娘とふたりだから、こんなにたくさん作らないの」とちょっと緊張しつつも、サクサクと手際良く作業を進めてくれた。

約30年前に近所に住むご主人と出会い、ふたりの娘に恵まれたナーイかあさん。立派な大きな家があるのにも関わらず、今はそこで次女とふたり暮らし。画家のご主人は遠く離れたナーン県で単身赴任で働いていて、家に戻るのは月に1回か2回。上の娘さんはデザイン学校を卒業した後、アメリカ・ボストンの会社に就職。会えるのは年に一度の帰省の時だけなのだとか。それはちょっと寂しそう、と思ってしまうけれど普段は日本で販売される服の縫製をしたり、裏庭に作ったブドウ畑の世話をしたりと大忙し。「みんな自分の人生を生きてるから、寂しいとは

1

3

4

1. 庭に設えられたキッチン。門の近くにあるため、料理をしているとご近所の人が声をかけてきて楽しそう。**2.** よく使う道具は取り出しやすいように、つり下げて収納している家がタイでは多かった。料理好きのナーイかあさんの道具は、どれも使い込まれていい風合いに。**3.** ナーイかあさんの家の庭に生えているマナオの木。タイ料理の酸味付けに欠かせないマナオは、ジュースにしても美味。いくつあっても困らないので、家に木を植えたそう。**4.** 近所に住む親戚の子が遊びに来て一緒にランチ。

1. 次女のプレーンさんと、仲良くバイクでお出かけ。**2.** 広い庭のある瀟洒な一軒家。
3. アメリカにいる長女のフェムさん。**4.** 縫製の仕事をしているナーイかあさんの仕事場。

思わないように暮らしている」と柔らかな笑顔で話してくれた。

ナーイかあさんの庭には、ぶどうのほかにもミントやバジルなどのハーブが植わっていたり、鶏も駆け回っていたりとちょっとワイルド。料理の準備をしている時も、丸ごと買ってきた地鶏を躊躇なく縦半分にゴリゴリと切り分けていて、見ための可憐さとは裏腹に意外と男らしさが見えるあたり、タイのかあさんたちはやっぱり強くてたくましい。鶏料理を作る時は、ブロイラーではなくチェンマイの地鶏を使うのがこだわり。蒸したり焼いたりして食べる時はその肉の弾力が、そしてスープにした時には骨や皮から出るダシのおいしさがまったく違うのだとか。野菜も近所の市場で決まった農家のものを、ハーブ類は自分の庭から。「この街においしいものがこんなにたくさ

「かあさんの料理は全部好き！　でも、喧嘩中はちょっとだけごはんがまずく感じるんだ」と笑うプレーンさん。いつもは何でも話せるすごく仲のいい親娘。

んあるのに、遠くから届けられた新鮮じゃない食材を使う必要はないでしょう？」とナーイかあさん。わざわざ声高に叫ぶ必要もなく、ナチュラルに地産地消の精神が根付いているのだ。

　辛さ、甘さ、酸味、塩気のバランスが取れて、初めて「おいしい」と表現されるほど、味わいが複雑なタイ料理。それだけにどのかあさんの料理もそれぞれの食材や調味料が重なり合って織り成す、複雑かつ絶妙な味わいが魅力ながら、ナーイかあさんの料理はどこかにふわりと優しさが漂っている。それは「外食の多い家族のために、家ではなるべく野菜を多めに使っている」から。標準的なタイ料理より、ちょっとだけ多めの新鮮野菜を使うことで生まれるほのかな甘味やみずみずしさ。その優しい隠し味には、離れて暮らす家族への思いが詰まっている。

ไก่เมืองนึ่ง

ガイムアンヌン

大切な日のための
スパイシー蒸し鶏

ガイムアンは地鶏のこと。市場で丸ごと1羽買ってきた地鶏を、手慣れた手つきでさばくナーイかあさん。「今日は娘たちがいないから半身だけど、夫も娘たちも帰ってきた時は1羽丸ごと蒸すの」。レッドカレーのスパイシーな香りをまとった柔らかな蒸し鶏は、家族みんなの大好物。いつもは離れて暮らす家族がチェンマイに集まる貴重な日にふるまう、故郷の味だ。

材料（約4人分）

鶏肉（半身）… 470g	ホムデーン … 20g	レッドカレーペースト … 60g
レモングラス … 12g	ニンニク … 10g	シーユーカオ … 大さじ2
バイマックルー … 8枚	白菜 … 適量	砂糖 … 小さじ1/2

作り方

1. 鶏肉は直火で皮に焼き色をつけ、1/3サイズに切っておく。レモングラスは小口切り、バイマックルーは芯を取って1/4サイズに手でちぎっておく。
2. クロックにレモングラスを入れ、細かくなるまで叩く。ニンニク、ホムデーンの順に加えて叩き、全体が粗みじん切りくらいになったら、レッドカレーペーストを加えてよく混ぜる。
3. ボウルに**2**と鶏肉、シーユーカオ、砂糖、バイマックルーを入れ、鶏肉にまんべんなく味がつくよう、全体によくなじませる。
4. 蒸し器の底に白菜をしきつめ、その上に**3**をのせる。中火で水から約30分、鶏肉の中まで火がしっかり通れば完成。

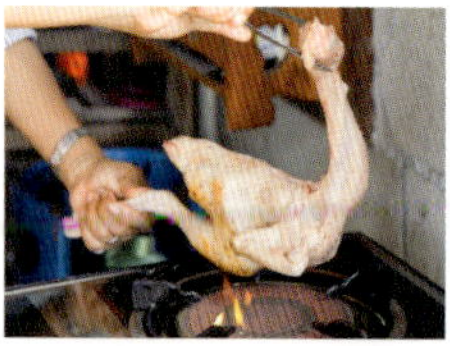

香ばしく仕上げるため、全体にバランス良く焼き色を付ける。

白菜が大きい場合は適当な大きさに切り、蒸し器の底全体にしきつめる。鶏肉をのせたら、ボウルに残ったペーストもすべてのせる。

もっとおいしく！ メモ

丸鶏や半身が手に入らない場合、骨つきもも肉などで代用してもいい。

ตำมะเขือ

タムマクア

焼きナスの北部風サラダ

中部地方にも焼きナスのサラダがあるが、それとはまったくの別物。焼きナスをクロックで叩くので、ナスの形状はほぼなくなり、サラダというよりはディップのような見た目になる。ちょっと不思議な食感ながら、ナスの香ばしさとまろやかさにピリっと辛さが加わった新鮮な味わい。北部の主食、カオニャオはもちろん、ビールや白ワインともよく合う。

材料（2〜3人分）

ナス … 360g

トウガラシ（プリックチーファー）… 1本

ニンニク … 6g

ガピ … 10g

作り方

1. ナスは火が通りやすくなるよう皮に数ヵ所切り目を入れ、グリルで柔らかくなるまで焼く。焼けたら皮をむき、約5mm幅の輪切りにしておく。トウガラシは直火で焦げ目がつくまで焼き、黒くなった部分を取り除いておく。ガピは指で軽く丸め、火で軽く炙る（またはアルミホイルで包み、トースターで温める）。
2. クロックにニンニクとトウガラシを入れて叩き、軽く潰れたらガピを加えてさらに叩く。全体が混ざったらナスを加えて、よく混ぜながら叩いて潰す。
3. 粗めのペースト状になったら器に盛り、ミント、パックペウなどのハーブ（分量外）を添えれば完成。

プリックチーファー、ガピを直火で焼く場合は、串などに刺す。

もっとおいしく！ メモ

味付けがシンプルなので、2で味見をして物足りなければ、お好みでシーユーカオやナンプラーを入れてもいい。

ผัดผักรวมมิตร

パットパックルアムミット

トマトが決め手の
タイ風野菜炒め

野菜が中途半端に余った時や子どもたちに栄養のあるものをパパッと作って食べさせたい時、ナーイかあさんが作るのが、この野菜炒め。色鮮やかでボリュームもあるので、もう一品欲しい時のお助けメニューとしても便利なのだとか。

全体に程よい甘みと酸味を加えてまとめてくれる、トマトの実力は脱帽もの。中華風の味付けで、タイ料理初心者も食べやすい。

材料（約5人分）

豚ローススライス … 150g

A

- ニンジン … 100g
- さやえんどう … 100g
- ブロッコリー … 150g
- ベビーコーン … 60g
- エリンギ … 80g

トマト … 50g

タマネギ … 50g

細ネギ … 4本

ニンニク … 5g

シーユーカオ … 大さじ1.5

オイスターソース … 大さじ2

砂糖 … 大さじ1/2

固形スープの素 … 1個

サラダ油 … 大さじ2

作り方

1. ニンジンは半月切り、さやえんどうはすじを取り半分に斜め切り、ブロッコリーは小房に分ける。ベビーコーンは5mm幅の斜め切り、エリンギは1/3サイズの斜め切り、トマトはくし切り。タマネギは薄めにスライスする。細ネギは3cm幅に切る。ニンニクは包丁の腹で軽く潰しておく。

2. Aの野菜を沸騰したお湯で軽く茹でて火を通し、一度冷水に取った後、よく水を切っておく。

3 フライパンにサラダ油とニンニクを入れて強火にかけ、香りが立ったら豚ロースを入れて炒める。豚ロースに火が通ったらほぐした固形スープの素とAの野菜、タマネギを加える。

4. 軽く炒め合わせたらシーユーカオ、オイスターソース、砂糖を加える。全体に味がなじんだらトマトと細ネギを加え、火を止めてから全体を軽く混ぜる。

もっとおいしく！ メモ

野菜がしんなりしないよう、手早く仕上げるのがコツ。入れる野菜に決まりはないので余り野菜で作ってもいい。酸味と甘さが味に深みを加えるので、トマトは必ず入れるのがナーイかあさん流。お好みで仕上げにコショウを少々をふっても。

ต้มข่าไก่

トムカーガイ

すっきりまろやか
ココナッツミルクスープ

チキンがゴロゴロと入ったココナッツミルクベースのスープ。コクがあってまろやかながらも、たっぷりのハーブが爽やかさを加えて、思いのほかすっきりとした後味に仕上がる。ナーイかあさんは骨つきの地鶏を使うため、そこからしっかりとダシが出るが、普通のもも肉などを使用する場合、味が足りなければ鶏ガラスープの素などで調整してもいい。

材料（4～5人分）

鶏肉（骨つき）… 500g
レモングラス … 25g
カー … 20g
バイマックルー … 3枚
ニンニク … 15g
ホムデーン … 25g
タマネギ … 60g
トマト … 50g
細ネギ … 4本
ココナッツミルク … 250mℓ
ナンプラー … 大さじ1
塩 … 小さじ1
シーユーカオ … 大さじ1
砂糖 … 小さじ1
水 … 600mℓ

作り方

1. 鶏肉は食べやすい大きさに切る。レモングラスは約2cm幅の輪切り、カーは薄めのスライスにする。ホムデーンは1/4サイズ、タマネギは3cm角、トマトはくし切り、細ネギは3cmの長さに切る。バイマックルーは芯を取って手で1/4サイズにちぎり、ニンニクは包丁の腹で軽く叩く。

2. 鍋に水を入れて中火にかけ、沸騰したらレモングラスと鶏肉を入れる。再び沸騰したら塩、カー、ホムデーン、タマネギ、ニンニク、シーユーカオを加えて軽く混ぜ、ココナッツミルクの半量を加え蓋をする。

3. 沸騰したら砂糖とナンプラーを加えて軽く混ぜ、トマト、細ネギ、バイマックルー、残りのココナッツミルクも加え、ひと煮立ちしたら完成。

ยำวุ้นเส้น

ヤムウンセン

旨み凝縮の絶品春雨サラダ

日本でも人気のメニューだが、ナーイかあさんのレシピの最大の特徴は、スルメイカを入れること。日本で紹介されるレシピではあまり見かけないが、スルメイカを入れるバージョンもタイでは昔から食べられている定番のひとつ。地味な存在ながらも、ほとばしるような旨みを発するスルメイカが想像以上にいい仕事をしてくれるので、ぜひ一度は試してほしい。

材料（7～8人分）

春雨 … 80g	クンチャイ … 3～4本
豚ひき肉 … 90g	トウガラシ（プリッキーヌー）… 5g
干しエビ … 70g	ニンニク … 12g
スルメイカ … 50g	マナオ汁 … 大さじ2
タマネギ … 50g	シーユーカオ … 大さじ2
トマト … 30g	ナンプラー … 大さじ1
細ネギ … 2本	サラダ油 … 大さじ1

作り方

1. 春雨、干しエビ、スルメイカ（細切り）はそれぞれ水につけて戻し、戻ったら水気を切っておく。春雨はその後、沸騰したお湯で2～3分茹で、冷水で洗い水気を切っておく。タマネギは薄切り、トマトはくし切り、細ネギとクンチャイは長さ3cmに切る。
2. クロックにニンニク5gとトウガラシを入れ、順に粗みじん切りくらいに潰す。小さいボウルにマナオ汁大さじ1と潰したニンニク、トウガラシを一緒に合わせておく。残りのニンニク7gは包丁の腹で軽く叩いておく。
3. フライパンにサラダ油と包丁で叩いたニンニクを入れ、中火にかけて炒める。香りが立ちきつね色になったら豚ひき肉を加えてさらに炒める。豚ひき肉に火が通ったら干しエビ、スルメイカも加え、炒め合わせる。
4. ボウルに**1**の春雨を入れ、**2**、**3**、シーユーカオ、ナンプラーを入れる。軽く混ぜたらタマネギ、トマト、残りのマナオ汁を加え、全体をよく混ぜる。
5. 味がよくなじんだら細ネギ、クンチャイも加えて軽く混ぜる。お好みでレタスやトマト（各分量外）を飾った器に盛る。

もっとおいしく！ メモ

スルメイカは入れなくてもいいが、入れると味に深みが出る。お好みで最後に千切りのニンジンを加えると、彩りがいい。

材料（1人分）

麺（タイのインスタント袋麺）… 1袋

豚ひき肉 … 70g

タマネギ … 30g

トマト … 30g

細ネギ … 2本

クンチャイ … 2本

ニンニク … 5g

トウガラシ（プリッキーヌー）… 5g

マナオ汁 … 大さじ1.5

ナンプラー … 大さじ1/2

シーユーカオ … 大さじ1/2

砂糖 … 小さじ1

作り方

1. タマネギは薄切り、トマトはくし切り、細ネギとクンチャイは約3cmの長さに切る。麺と豚ひき肉は、それぞれ火が通るまで茹でる。

2. クロックにニンニク、トウガラシを入れて粗く潰しマナオ汁、ナンプラー、シーユーカオ、砂糖を加えて混ぜる。

3. ボウルに麺、豚ひき肉、**2**を加えて味をなじませたら、タマネギ、トマト、細ネギ、クンチャイも加え、軽く混ぜ合わせれば完成。

もっとおいしく！ メモ

インスタント袋麺は日本のものでも代用可能。ただし、タイの袋麺の方が1袋の麺の量が少ないので、麺の量に合わせて調味料や食材の量を調整する。タイの袋麺は日本のタイ食材店やネットショップで購入可能。

ยำมาม่า

ヤムママー

インスタント麺を
サラダ感覚で食べる

タイの人たちは春雨やビーフンなどの食材同様に、インスタント麺に、さまざまなアレンジを加えて食べる。これもそんな料理のひとつで、野菜や肉を加え酸っぱ辛い和えものに仕立てあげるのだ。もはやメーカーが添えてくれたスープの素は用なし。オリジナルの味付けでサラダ仕立てとなったインスタント麺は、タイではごはんのおかずとしても通用している。

ผัดกะเพราไก่

パットガパオガイ

娘さんたち仕様の野菜入りバジル炒め

本来、具材は肉とガパオ（バジル）の葉だけで辛く仕上げることが多いタイのガパオ炒めだが、ふたりの娘さんたちを育てたナーイかあさんのレシピは、野菜も入った優しい味わい。本場の味を求める人には少し物足りないかもしれないけれど、ワンプレート料理でも子どもたちにバランスよく食べて欲しい、という気持ちがこもったかあさんならではの愛情レシピだ。

材料（2～3人分）

鶏むね肉 … 280g
ガパオ … 60g
長ササゲ
（またはインゲン）… 80g
タマネギ … 50g
ニンニク … 5g
トウガラシ
（プリッキーヌースワン）… 3g
砂糖 … 小さじ1/2
シーユーカオ … 大さじ1
シーユーワーン … 大さじ1/2
オイスターソース … 大さじ1
サラダ油 … 大さじ1.5
水 … 50mℓ

作り方

1. 鶏むね肉はひと口大の斜めそぎ切り、長ササゲは小口切り、タマネギは薄切りにする。クロックにニンニクとトウガラシを順番に入れて、粗みじんくらいに潰す。
2. フライパンにサラダ油を入れて強めの中火にかけ、潰したニンニクとトウガラシを入れて炒める。香りがたったら鶏むね肉を加え、肉の色が変わったら砂糖、シーユーカオ、シーユーワーンを加え混ぜる。
3. 長ササゲ、タマネギ、オイスターソース、水を加えて炒め合わせ、水気が少なくなったらガパオを加えて全体を軽く混ぜる。お好みでタイ米に添え、カイダーオ（P56）と一緒に食べるとおいしい。

もっとおいしく！ メモ

子どもたちに作ることが多いので、かあさんのレシピは甘みがあり柔らかな仕上がり。ピリッと大人仕様にしたい場合は、タマネギは入れなくてもいい。小皿にナンプラーと輪切りにしたトウガラシ（お好みでマナオの薄切りも）を入れたものを添えるのがタイスタイル。

หมูมะนาว

ムーマナオ

刺激的なタイの豚しゃぶサラダ

茹でた豚肉をトウガラシ山盛りのインパクト大な激辛ソースで和えて食べる、タイの豚しゃぶ的一品。

トウガラシの辛さとマナオの酸味、ニンニクの刺激が相まったソースは想像以上に刺激的！ たとえば暑さ続きで食欲が落ちた時にも、香りだけで元気になれそうなスタミナメニューだ。ビールとの相性もよすぎる程にいいので、飲みすぎ、食べすぎにはご注意を！

材料（2人分）

豚もも肉（スライス）… 200g
トウガラシ（プリッキーヌー）… 10g
ニンニク … 10g

A
マナオ汁 … 大さじ2
砂糖 … 小さじ1
ナンプラー … 大さじ1

作り方

1. クロックにニンニクとトウガラシを順に入れて潰す。粗みじんくらいになったらAをすべて加えて、よく混ぜ合わせる。
2. 豚もも肉は、火がしっかり通るまで茹でたら水を切り、ボウルに入れ、**1**を加えて味がなじむようよく和える。
3. 皿に盛り、お好みでレタスやニンジン(各分量外）を添える。

もっとおいしく！ メモ

キュウリやキャベツ、茹でたカナーなど、お好みの野菜と一緒に食べるとおいしい。

ขนมปังไอศกรีม

カノムパンアイスクリーム

みんな大好きパンアイス

親戚の子どもが集まると、必ずふるまう簡単デザート。パン×アイスはタイでは定番の組み合わせで、アイスクリーム屋台でも「カップ？　パン？」と必ず聞かれるほど。屋台ではコッペパンが主流だけど、食パンでオープンサンド風に仕上げるのがナーイかあさん流。コンデンスミルクやチョコレートソースを好き勝手にかけてほおばれば、子どもはみんな笑顔になる。

材料（1人分）

食パン … 1枚

お好みのアイスクリーム … 2スクープ

コンデンスミルク … お好みで

作り方

1. 食パンにアイスクリームをのせる。
2. コンデンスミルクをかけて食べる。

もっとおいしく！ メモ

パンは食パンのほか、コッペパンやバターロールに切り目を入れて挟んでもいい。トッピングはコンデンスミルクのほか、チョコレートソース、エバミルクやピーナッツ、もち米、コーン、サツマイモ、タロイモなどもタイの定番なので、いろいろ試してお気に入りを探すのもおすすめ。ココナッツアイスクリームを使うと、昔ながらのタイの味わいに近づける。

ちょっと一息、豆知識

トムヤムいろいろ。

トムヤム、と聞いて日本人の多くが思い浮かべるのは、ミルクとチリインオイル、頭付きのエビが入った濃厚なスープだろう。ただ一口にトムヤムといっても、実はその種類はさまざま。日本でも一般的な濃厚タイプはトムヤムナムコン、ハーブが中心の澄んだスープのものはトムヤムナムサイと、スープの種類で呼び分ける。また、トムヤムクンのクンはエビを指すので、違う具材が主役の時は、トムヤムガイ（鶏）、トムヤムタレー（海鮮）などと呼ばれる。

トゥックかあさん流

たっぷりのハーブと鶏肉の旨味がぎゅっと詰まったトムヤムガイは、じわっと染み渡るような滋味深さ。鶏肉の時はナムサイにするのが一般的。
>> P44

モンかあさん流

南部で取れるミソたっぷりのエビの味わいを生かす、すっきりとした味わいのトムヤムクンナムサイ。ナムサイは澄んだスープ、という意味。
>> P90

ムイかあさん流

ミルク、チリインオイル、エビを入れた正統派のトムヤムクンナムコン。ナムコンとは濃厚なスープ、という意味でコクのある味わいが特徴。
>> P18

タイかあさんの食材調達事情。

タイのかあさんたちを見ていると、驚くのが食材調達方法の豊富さ。市場も魚はちょっと遠くの生鮮市場、野菜は近所の小さな市場で農家のおばあちゃんから、などと使い分けることも多い。市場以外にもちょっとしたハーブやトウガラシなら家の庭で調達が当たり前、郊外に行けば裏山からフルーツを採ってきたり、隣の家の庭からバナナの葉を拝借したりと、自由そのもの！　よく見かける移動式の野菜販売トラックも、買い忘れがあった時は強い味方に。

朝は行きつけの市場へ！

料理上手のかあさんたちは、いつもの市場の中でも魚はこの人、野菜はこの人、と買う相手を決めていることがほとんど。今日は何がおすすめ？から始まり最後は近所のゴシップまで、さまざまな会話を楽しみながらチャキチャキと食材を選んでいく。わざわざ頼まなくてもオマケしてくれるのも行きつけ市場のいいところ！

デザート用のフルーツを調達に、家の裏手にある果物園へ。ご近所だからか、無料。

ミントは庭に。ナーイかあさんの家には、ほかにマナオの木やブドウの木も！

家の前をたまたま通った移動販売車で足りなくなったマナオを買い足し。便利！

ぶらり、市場歩き。

バンコクでも地方でも、かあさんたちが食事を作る前に寄るのはスーパーではなく必ず近所の市場。賑やかなタイの市場はおいしいものの宝庫！

タイ国中から高級食材が集まるバンコクの市場。朝から家族連れなどで大賑わい！

南部の市場で居眠りをしている女の子。のどかな地方の市場らしい、ほほえましい光景。

最高級のエビを並べる店。エビはタイ料理には欠かせない食材で、有名シェフも訪れる。

プリプリの小さなエビは炒めものなどのほか、潰してスープや練りものにしても美味。

まだ生きているワタリガニをはじめ、市場に並ぶ魚介類はどれも新鮮そのもの！

チェンマイの肉市場。ビニール袋で作ったお手製ハエ除けが大活躍していた。

豚の頭を掲げる豚肉専門店。
皮や脚などはもちろん、頭まですべて無駄なく食べる。

袋に詰めているのはフレッシュなトウガラシ。料理ごとにトウガラシを使い分けるのがタイ式。

タイの市場で必ず見かけるのんびり寛ぐ猫たち。おいしいごはんをもらって一休み。

南部の市場にて。ぶら下がっているのは、南部でよく食べられているサトーという豆。

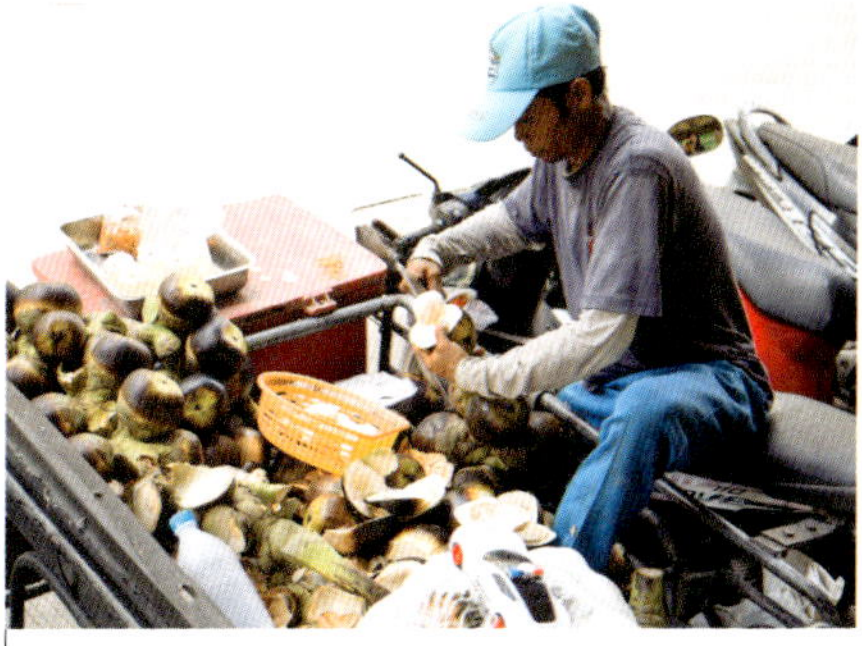

砂糖椰子の実をむいているおじさん。タイの市場は珍しい南国のフルーツがいっぱい！

マレーシアに近い南部の市場には、ヘジャブをかぶったイスラム系の店員さんも多い。

ずらっと積み上げられたマンゴスチン。フルーツの女王の名にふさわしい上品な甘さ。

真ん中に見える紫色はバナナの花のつぼみ。サラダや揚げ物、スープの具などに大活躍。

タイ料理の酸味付けには欠かせないマナオ。爽やかな香りと強い酸味が印象深い。

食材と一緒におやつを買うのもかあさんたちの楽しみ。とっても甘いけどクセになる。

タイの食材市場に必ずといっていいほどある惣菜屋台。生鮮食品のほかにも何でも揃うタイの市場は、ぶらぶらと歩いてみるだけでも楽しい！

タイ「定番食材&調味料」ダイジェスト

タイで食べるタイ料理のように鮮烈な味わいを再現するのには、現地で使われている食材を使うのが1番。中には日本でなかなかお目にかかれない物もありますが、タイらしいパッケージの調味料は、お土産としてタイ旅行の時に手に入れるのもおすすめ!

まず欲しい“三種の神器”。

น้ำปลา
ナンプラー

小魚を塩漬けにし、発酵させて作るタイの魚醤。スープや麺、炒めものなど、あらゆるタイ料理に使われる。タイではカタクチイワシを原料にしたものが多い。人によっては作る料理に合わせてナンプラーの銘柄を使い分けたり、愛用ナンプラーを決めていたりするほど、タイの食卓に欠かせない調味料。

使用例　P18、P46、P96 など

ผักชี

パクチー

コリアンダー。葉は麺やスープ、サラダなどの仕上げに香りと彩りを添えるために使われ、根は、ほかのハーブと一緒に潰してカレーやスープのペーストに加えたり、下味に利用したりと、さまざまな場面で利用される。現在タイで栽培されているのは、主に在来種とアフリカ種の２種類。タイ料理を作る際は、根付きのパクチーを探そう。

使用例　P18、P44、P52 など

พริก

プリック

トウガラシ。タイでは色も形もさまざまな種類のトウガラシが栽培されており、料理にふんだんに使われる。トウガラシの種類によって辛さや香りが異なるので、料理によって使い分けるのが一般的。レシピで指定されている種類が手に入らない場合は、日本のもので代用を。

使用例　P18、P42、P74 など

プリックチーファー
６〜９cmと大ぶりのトウガラシで、辛さは控えめ。

プリックチーファーヘン
プリックチーファーを乾燥させたトウガラシ。

プリックルアン
ルアンは黄色の意味。黄色のものから、オレンジ色っぽいものまである。

プリックチンダー
４〜５cmくらいの中サイズで程よい辛さ。日本に最も多く輸入されている。

プリックガリアン
カレン族由来の中サイズのトウガラシ。

プリッキーヌースワン
２〜３cmとタイ料理で使われるものの中で一番小さく、辛さは一番強い。

プリッキーヌーヘン
プリッキーヌーを乾燥させたトウガラシ。

プリッキーヌー
すっきりとした辛さでソムタムなどに使用。

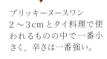

ใบมะกรูด
バイマックルー

コブミカンの葉。柑橘系の爽快な香りがあり、スープなどに加えて香り付けに使われる。「トムヤムクン」を作るのに欠かせないハーブのひとつ。厚みがあり硬くそのままだと食べにくいので、カレー等の仕上げにトッピングして食す場合は、かなり細かい細切りにすることも多い。使用例 P18、P44、P48 など

กะเพรา
ガパオ

ホーリーバジル。タイには数種類のガパオが生息しているが、レストランなどで調理に使われているのは花が白く、葉と茎が緑色の「ガパオカオ」。鶏肉や豚肉と一緒に炒める「バジル炒め」は日本でも人気のメニュー。肉や魚を使ったスープにもよく使われる。使用例 P42、P154

ผักชีฝรั่ง
パクチーファラン

オオバコエンドロ。タイ語で「パクチーファラン」＝「西洋のパクチー」と呼ばれるハーブ。葉はパクチーの香りをさらに強くしたような芳香がある。手に入らない場合は、普通のパクチーで代用を。使用例 P44、P70、P116 など

โหระพา
ホーラパー

スイートバジルに分類されるが、日本で売られているものよりも葉が厚く、噛むと清涼感がある。料理に添えて箸休めのように食べるほか、炒めものやスープ、蒸し料理などにトッピングして楽しむことも多い。手に入らない場合はイタリアンバジルで代用しても。使用例 P46、P48

แมงลัก
メーンラック

ヒメボウキ。英語では別名「レモンバジル」とも呼ばれており、柑橘系の爽やかな香りがあるのが特徴。ダイエット食材として注目された「バジルシード」はこの植物の種子。イサーン地方のスープに多く用いられるほか、トッピングに加えて生食することも。使用例 P94

ใบเตย
バイトゥーイ

パンダンリーフ。甘い香りが特徴のハーブ。菓子の香り付けや香味料として使用されるほか、鶏肉を包んで揚げるなど料理にも使われる。また、絞ると鮮やかな緑色の液が出るため、古くから食品の色付けにも使用されている。使用例 P128

ตะไคร้
タックライ

レモングラス。その名の通りレモンのような爽やかな香りが特徴。かあさんのレシピでは主に根から茎にかけての白っぽい部分を使用する。叩いて潰したものを入れてスープに香りをつけるほか、細かく砕いてカレーのペーストに使ったり、薄くスライスしてサラダに加えることも多い。精油としても人気があり、アロマオイルや虫よけスプレーにも用いられる。使用例 P18、P32、P70 など

ข่า
カー

ナンキョウ。生姜に似ているが、さらに強い香りと渋みがある。レモングラスなどのハーブと一緒にスープに加えて香り付けに使われる。料理名に「カー」が入る「トムカーガイ」などの「カー」はこれのこと。若い茎や根茎、花を生のままや茹でて食べることも多い。また固くなった根茎は、香辛料として肉類の消臭にも使われる。使用例 P18、P44、P72 など

กระเทียม
ガティアム

タイの小粒ニンニク。タイでは香りの強い小粒のものがよく使われている。炒めものやスープのほか、サラダに生のまま加えることもある。ニンニクを皮ごと軽く潰して揚げた「ガティアムジアウ」は、麺やおかゆなどの料理の香り付けに使われる。手に入らない場合は日本のニンニクを使用してもいい。使用例 P20、P42、P66 など

ขมิ้นชัน
カミンチャン

ターメリック。根茎を乾燥させて粉末にし、カレーやサフランライスなどのほか、黄色染料としても使われる。タイでは南タイ料理に欠かせないスパイスのひとつで、生のままスープなどに使われる。使用例 P96、P104

鮮やかな香りのハーブたち。

爽やかな香りと食感。

มะนาว
マナオ

タイをはじめ、東南アジア各地で食べられているライムの一種。程よい酸味と爽やかな香りが特徴。タイ料理では酸味を加える目的で利用され、サラダやスープ、麺類など多くの料理で使われる。レモンやライムで代用可能。使用例 P18、P56、P132 など

ขึ้นฉ่าย
クンチャイ

中国セロリ。日本でよくみるセロリに比べて茎が細く、香りが強いのが特徴。生でも加熱してもおいしく、葉、茎ともに料理に多用される。手に入らない場合は、日本のセロリの葉と細い茎の部分で代用してもいい。使用例 P50、P76、P152 など

คะน้า
カナー

カイラン菜。炒め物に利用されるほか、生で食べられることも多い。ビタミンCとベータカロテンが豊富な栄養価の高い野菜。タイで主に栽培されているものは、写真の「カナーバイ」と呼ばれる比較的葉が大きく厚みがあるものと、「カナーヨート」と呼ばれる葉が細めで尖った形の２種類がある。
使用例 P28

ผักบุ้ง
パックブン

空芯菜。茎の中央部が空洞になっているのが特徴。タイで食べられている空芯菜は「パックブンジーン」（中国空芯菜）と「パックブンタイ」（タイ空芯菜）の２種類があり写真は「パックブンジーン」の方。加熱してシャキシャキとした歯応えを楽しむほか、パックブンタイは生食する事も多い。使用例 P20 など

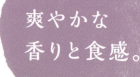

เห็ดฟาง
ヘットファーン
フクロダケ。タイで古くから流通している中国原産のキノコ。香りにクセがなく軽く火を通すとプリッと弾力のある歯ごたえが楽しめる。成長とともに傘が大きくなり、グレーに近い濃い色になる。市場では成長の段階に合わせて値段が変化する。スープやサラダ、炒めものなど、多くの料理に使われる。使用例 P18

หอมแดง
ホムデーン
赤小タマネギ。赤ワケギ。タイ料理に欠かせない食材のひとつで、サラダのほか、潰してカレーペーストやスープなどにも使われる。玉ネギより香りが強く、甘さは少なめなのが特徴。 見つからない場合は、紫タマネギやタマネギで代用してもよい。使用例 P44、P90、P116など

タイ料理の定番野菜。

มะเขือเปราะ
マクアプロッ
マルナス。「タイナス」と呼ばれることも多い、ピンポン球サイズの小さなナス。白や緑、黄色、紫など、種類によって色が異なる。日本のナガナスに比べて固く煮崩れしにくく、カレーなどによく使われる。生で食べると苦味や渋みがあるが、タイ人は「ナムプリック」をつけて生食することも多い。使用例 P46、P48

มะเขือพวง
マクアプワン
スズメナスビ。直径 1cm ほどの豆粒サイズのナス。タイで料理に使われるのは、苦味と渋みのある若い緑の果実。カレーやスープ、茹でて「ナムプリック」の付け合せとしても使われる。プチプチとした食感が特徴。使用例 P46、P48

กะปิ
ガピ

小エビ（アミ）を塩漬けにし、発酵させて作るペースト状の調味料。「ナムプリック」を作る際に欠かせないほか、タイのカレーペーストに必ず加える調味料のひとつ。炒めものやスープに加えると、コクと旨み、香りが楽しめる。日本で販売されているものは少し固めなので、少量の水でゆるめると扱いやすい。使用例 P68、P72、P98 など

น้ำตาลปี๊บ
ナムターンピープ

ヤシの花茎から出る蜜を煮詰めて作る砂糖。オウギヤシから作られるものを「パームシュガー」、ココヤシから作られるものを「ココナッツシュガー」と呼ぶ。「ココナッツシュガー」は甘みが強く、味がはっきりしているため料理に適しており、「パームシュガー」は香りがよくお菓子作りに適しているといわれている。ただし最近では「ココナッツシュガー」を「パームシュガー」と表示することもあり、厳密に区別されていないのが現状。使用例 P24、P72、P124 など

ซีอิ๊วดำเค็ม
シーユーダム

大豆を原料とした調味料。タイ語で「黒い醤油」を意味する。糖蜜がたっぷり使われているため甘みが強く、料理に加えることでコクと深みが生まれる。炒め物の味付けやつけダレ、煮物などに使われる。甘口醤油と理解しておくとわかりやすい。使用例 P24、P28

ซอสปรุงรส
ソースプルンロット

シーズニングソース。大豆を原料に作られる味と香りの濃いソースで、たまり醤油に近い調味料。炒めもの、煮もの、スープのほか卵料理には欠かせない。タイで最初にシーズニングソースが広がったのがヨーロッパのMaggi社の製品だったことから、「メッギー」と呼ばれることも多い。使用例 P20、P22、P26 など

ซีอิ๊วขาว
シーユーカオ

大豆を原料とした調味料。タイ語で「白い醤油」を意味する。形状は日本の醤油に似ているが、食材にかけて使われることはなく、炒めものや蒸しもの、煮ものなど、主に加熱調理に使われる。醤油を意味するタイ語の「シーユー」は、バンコクの中華街に多く住む潮州人の言葉が語源とされている。使用例 P24、P26、P28 など

เต้าเจี้ยว
タオチオ

大豆を原料にした塩分の強いとろりとした質感のソースで「タイの味噌」と呼ばれることも。大豆の粒を残したものとペースト状の2種類がある。炒めものなどに入れるとコクと旨味がでる。またほかの材料と混ぜてソースにしてもいい。使用例　P20

買って帰りたい調味料たち。

น้ำพริกเผา
ナムプリックパオ

チリインオイル。干しエビやトウガラシ、ホムデーン、ニンニクなどを混ぜ合わせ、油で揚げてペースト状にした調味料。タマリンドや砂糖なども入っているので、辛さと酸味、甘みを兼ね備えバランスがいい。炒めものやスープに使われるほか、生野菜やごはんにつけてそのまま食べることも。使用例 P18

ซีอิ๊วหวาน
シーユーワーン

大豆を原料としたどろりとした調味料。タイ語で「甘い醤油」を意味する。大豆に小麦粉と麹を加えて発酵させるため、旨みとコク、しっかりとした甘味があるのが特徴。煮込むことで料理に照りがでるため、肉を使った煮ものに使われることも多い。使用例 P72

พริกป่น
プリックポン

チリパウダー。乾燥したトウガラシを砕いたもの。カレーペーストなどに使用するほか、麺類などの味付けに欠かせない調味料のひとつ。使用例 P66、P92、P116

ปลาร้า
パラー

魚を内蔵ごと発酵させて作る調味料。イサーン（タイ東北地方）の料理に多くに使われる。独特の風味と匂いで苦手な人も多いが、イサーンでは「パラーを入れないソムタムは、ソムタムではない」というほど定番。バンコクで「ソムタムパラー」が食べられると言うと、驚かれることも。使用例 P120

มะขามเปียก
マカームピアック

タマリンドペースト。タマリンドの硬い殻の中にあるペースト状の実の部分を水に溶かし、スープやソースなどの酸味づけに利用する。甘みもありコクが出るので、スープや炒めものなど使用率は高い。便利なペースト状の調味料のほか、お菓子などの加工食品もたくさんある。使用例 P68、P72、P120 など

กะทิ
ガティ

ココナッツミルク。砕いたココナッツの果実を圧縮してミルクを抽出し、水を加えて脂肪分を調整して加熱処理したもの。甘みはなく、調理する際に砂糖やココナッツシュガーを加え、加熱して使用する。タイではフレッシュココナッツミルクも人気が高い。使用例 P46、P48

調味料、どこで買う？

日本で買う

タイ料理本来のおいしさを再現するのに欠かせないタイの調味料。日本のスーパーでもナンプラーなどの定番アイテムは見かけるようになったものの、馴染みのないものもたくさん。そんなタイの調味料についてもっと知りたい！ という人は、ネット販売やタイ食材専門店などを探してみよう。

おすすめは商品を比較して購入できるネット販売。タイ食材を中心に取り扱う「アジアスーパーストア」では、現地直輸入の調味料をはじめタイの野菜や麺類、調理器具まで揃うので便利。東京都新宿区大久保に実店舗があるので、実物を見て選びたい場合は店に足を運んでみるのもいい。

またタイ料理店が集まるエリアには多くのタイ食材店が。東京都墨田区錦糸町の食材店「タイランド」、台東区上野のアメ横の「むら珍食材」などを訪れれば、調味料をはじめ、さまざまなタイ食材も見つけられる。

タイで買う

旅行者にとって、タイの調味料探しに便利な場所といえば、やっぱり現地のスーパーマーケットだろう。英語表記があり、困った時は店員さんが助けてくれるのというのも心強い。棚にナンプラーが何十種類と並ぶ光景は圧巻だ。買い物をしている間もどっぷりタイの雰囲気に浸りたいというのであれば、近くの市場に行ってみよう。市販品だけでなく、自家製調味料を購入することもできる。市場ならではの活気あふれる雰囲気や、その地域独特の食材を見て回るのも楽しいはずだ。基本的に現金のみ使用可なので、用意をお忘れなく。

グルメマーケット

Gourmet Market

バンコクでおすすめのスーパーマーケットといえば、タイの富裕層や在住外国人御用達の「グルメマーケット」だ。調味料はもちろん、フルーツやタイ食材、お土産に便利なタイのお菓子コーナーなども充実。ここで一通りの買い物をすませることができる。「エムクオーティエ」や「ターミナル21」、「サイアムパラゴン」といった人気ショッピングモールに入っているのも便利。高級感あふれるディスプレイにテンションも上がりっぱなし！

オートーコー市場
Or Tor Kor Market

バンコクに数あるマーケットのなかでも、最上級の食材が揃うことで知られるのが、MRTガムペーンペット駅を出てすぐの場所にある「オートーコー市場」だ。タイの農業共同組合（オートーコー）が運営しており、タイ全土から新鮮で質のいい食材が集結。バンコク市民はもちろん、ホテルのシェフや人気レストランの料理人たちも足繁く通う市場だ。

明るく広々とした市場内は鮮魚、精肉、果物、野菜、乾物、惣菜、お菓子など、それぞれエリアごとに分かれていて、初めて訪れた人でも迷わずお目当ての商品を見つけられるはず。自家製カレーペーストやガピなど、オリジナルの調味料やトウガラシ、コショウなどの乾燥スパイス、さまざまなタイの香り米などは、お土産にもぴったりだ。

市場内にはフードコートもあるので、買い物に疲れたらおいしいタイ料理を食べ

珍しい食材がずらり。フルーツはホテルに持ち帰って食べてもOK。

トウガラシなどの乾物のほか、スーパーとはひと味違う、自家製調味料も狙い目。

て休憩しよう。時間があったら、市場に併設されている「ロイヤルプロジェクト」（タイ国民の生活向上のためにタイの王室によって行われている事業）のお店を覗いてみて。王室プロデュースの調味料や食材が購入できる。

オートーコー市場
Or Tor Kor Market
101 Kamphaengphet Rd, Chatuchak, Bangkok
6時～18時くらいまで

キッチン雑貨やカゴは、タイ土産としてもよろこばれそう。タイのお菓子もかわいい！

旅のついでに、食べてみる？

オートーコー市場は、飲食ゾーンも充実。惣菜屋台や、ガイヤーンとソムタムの人気店、タイの伝統菓子「ルークチュップ」を販売するお店など、さまざまな料理店が軒を並べている。市場内にはフードコートエリアもあるので、気になる料理はその場で食べてみても。注文は指差しで大丈夫。料理ができたら店頭にある調味料コーナーで自分好みの味に仕上げよう。

※生鮮食品や肉の加工品などは、日本に持ち帰れないので注意。

バンコクへ タイ料理トリップ おすすめホテルを ピックアップ！

バンコクでおいしいタイ料理を食べて、
お土産に調味料を買って帰る。
そんな旅には立地はもちろん、
タイらしさに浸れるホテルがおすすめ。
せっかくの旅行、ホテルステイも楽しんで！

人気のショッピングエリアに近い！

バンコク・マリオット・ホテル・スクンビット

Bangkok Marriott Hotel Sukhumvit

Bangkok Marriott Hotel Sukhumvit
2 Sukhumvit Soi 57, Klongtan Nua,
Wattana, Bangkok　TEL +66-(0)2-797-0000

バンコクのホテル選びで肝心なのが、BTS（高架鉄道）の駅に近いかどうかということ。交通渋滞が激しいバンコクでは、時間の読める電車での移動が欠かせない。「バンコク・マリオット・ホテル・スクンビット」は、BTSトンロー駅から徒歩2分の好立地。トンロー周辺は人気レストランが集まるおしゃれエリアなので、食べ歩きやショッピングをするのも楽しいはずだ。また、1駅隣りのプロンポン駅周辺は、在住日本人が多く暮らす場所。大型デパートの「エムクオーティエ」や日系スーパーがあり、調味料の調達にもなにかと便利。

ホテルのインテリアはモダンな雰囲気の中にもタイらしいエッセンスが散りばめられていて、旅行気分を盛り上げてくれる。屋外プールや、バンコクの街並みを見下ろす開放的なルーフトップバーを楽しむのも、バンコク旅行の醍醐味のひとつ。短い滞在時間を有意義に使えるはずだ。

タイらしさを満喫！

360度見渡せる「Octave Rooftop Lounge & Bar」で、タイらしいオリジナルカクテルを楽しもう。

「57th Street」では、テーマに合わせたビュッフェが日替わりで登場。いろいろな種類のタイ料理が食べられるのもうれしい。

タイ料理のクッキングクラスもある！

シェラトン・グランデ・スクンビット, ラグジュアリーコレクションホテル, バンコク

Sheraton Grande Sukhumvit, a Luxury Collection Hotel, Bangkok

Sheraton Grande Sukhumvit, a Luxury Collection Hotel, Bangkok
250 Sukhumvit Road, Bangkok　TEL +66-(0)2-649-8888

BTSアソーク駅とMRTスクンビット駅から直結という絶好のロケーションに位置する「シェラトン・グランデ・スクンビット、ラグジュアリーコレクションホテル、バンコク」は、タイの文化や魅力を楽しむのにぴったりのホテル。

バンコクの中心地にあるとは思えないほどリゾート感たっぷりの緑あふれるプールや、豪華な朝食ビュッフェ、疲れた体をもみほぐしてくれるスパなどの施設も充実しており、心身ともにゆったりとくつろぐことができる。

そしてタイ料理好きならぜひ参加してほしいのが、ホテル内にある人気のタイ料理レストラン「バジル」で行われているクッキングクラス（要予約）だ。シェフに教えてもらいながら自分たちで作る「バジル」直伝のタイ料理は、おいしさも格別。料理の腕前も上がって、とっておきの旅の思い出になるはずだ。

basil の
タイ料理教室に参加！

ヤムウンセン

トムヤムクン

ガパオガイ

タプティムクローブ

本日の先生は、シェフ歴 30 年のケーシーニーシェフ。調理のことはもちろん、タイの食材や調味料についてもいろいろと教えてくれる。
この日教えてもらったのは「ヤムウンセン」「ガパオガイ」「トムヤムクン」「タプティムクローブ」の4品。友だち３人で参加したのだが、同じ素材を使って作っても、それぞれ違う味に仕上がったのが面白い。そして先生の料理はさすがにおいしい！
レッスンの最後には先生からクッキングクラスの終了書を授与。レシピももらえるので、家でも作れそう。

インデックス 種類別

料理の種類により、大きく9つのカテゴリに分けました。

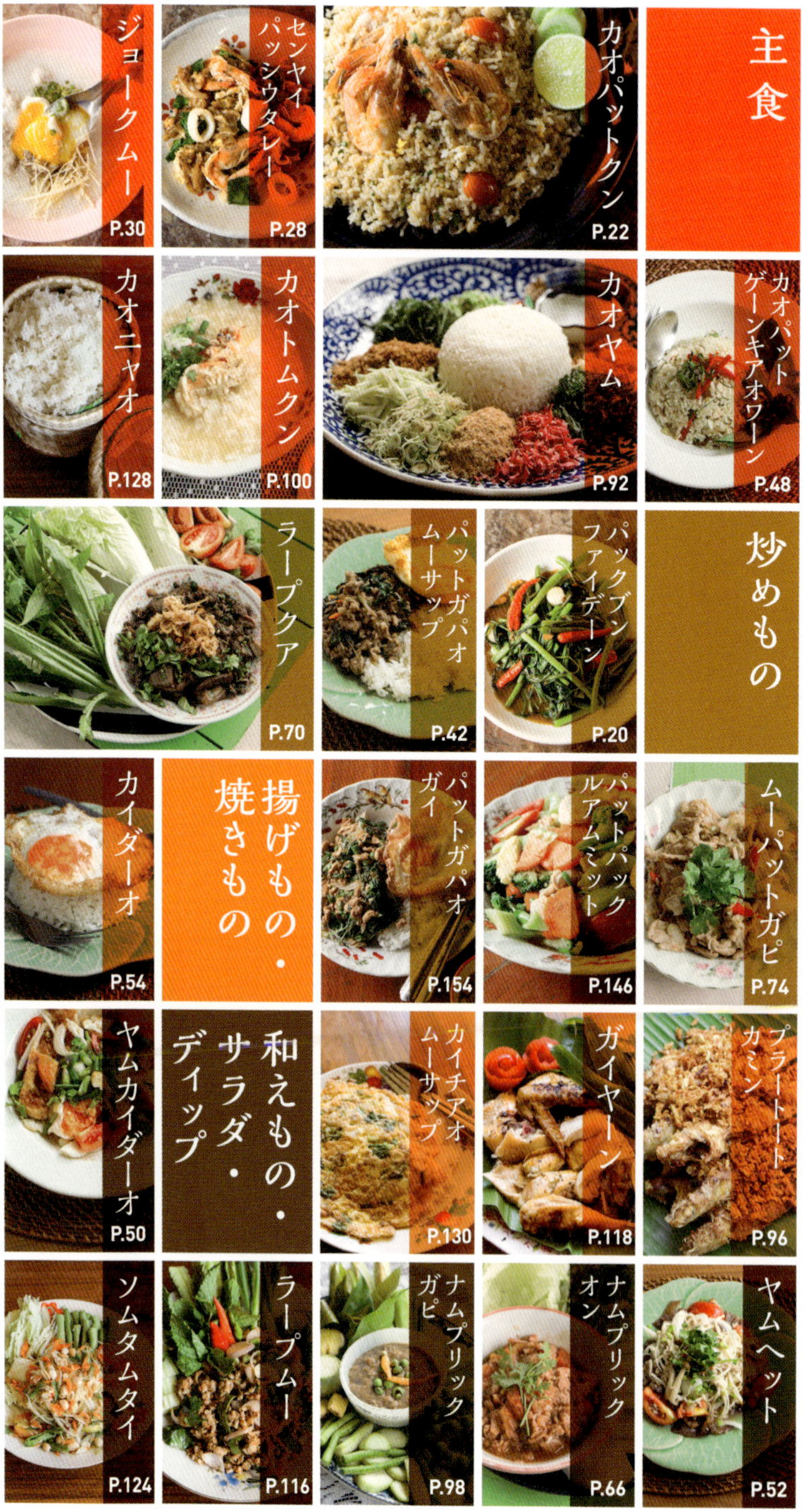

インデックス 食材別

メイン食材によって
おおまかに分類しました。

米類

麺類

卵

豚肉

鶏肉

魚介類

野菜・ハーブ類

キノコ類

フルーツ・お菓子類

その他

TIGER BALM

いつもあったかい
かあさんの味。

白石路以

日本でライターとして活動した後、バンコクに移住し現地でタイ各地の料理を学ぶ。帰国後は取材のため1年の半分をバンコクで過ごしつつ、日本で唯一のタイ料理専門ライターとして活動中。『タイ行ったらこれ食べよう！』（小社刊）などタイ関連の書籍等を手がける。

撮影：川床和代
装丁・デザイン：木村 愛
タイ語翻訳：原田美穂
校正：香取里枝
編集：美濃羽佐智子

台所《だいどころ》にお邪魔《じゃま》して、定番《ていばん》のトムヤムクンから
地方《ちほう》料理《りょうり》までつくってもらいました！

タイかあさんの味《あじ》とレシピ

NDC596

2019年 5月17日 発　行

著　　者　白石路以《しらいしるい》
発 行 者　小川雄一
発 行 所　株式会社 誠文堂新光社
〒113-0033 東京都文京区本郷 3-3-11
[編集]03-5805-7285
[販売]03-5800-5780
http://www.seibundo-shinkosha.net/
印 刷 所　株式会社 大熊整美堂
製 本 所　和光堂 株式会社

ISBN978-4-416-51933-2